Richard Moritz Meyer

Grundlagen des mittelhochdeutschen Strophenbaus

Richard Moritz Meyer

Grundlagen des mittelhochdeutschen Strophenbaus

ISBN/EAN: 9783743325876

Hergestellt in Europa, USA, Kanada, Australien, Japan

Cover: Foto ©ninafisch / pixelio.de

Richard Moritz Meyer

Grundlagen des mittelhochdeutschen Strophenbaus

QUELLEN UND FORSCHUNGEN

ZUR

SPRACH- UND CULTURGESCHICHTE

DER

GERMANISCHEN VÖLKER.

HERAUSGEGEBEN

VON

BERNHARD TEN BRINK, ERNST MARTIN, WILHELM SCHERER.

LVIII.
GRUNDLAGEN DES MITTELHOCHDEUTSCHEN STROPHENBAUS.

STRASSBURG.
KARL J. TRÜBNER.
—
LONDON.
TRÜBNER & COMP.
1886.

GRUNDLAGEN

DES

MITTELHOCHDEUTSCHEN STROPHENBAUS.

VON

RICHARD M. MEYER.

STRASSBURG.
KARL J. TRÜBNER.
—
LONDON.
TRÜBNER & COMP.
1886.

MEINEM VEREHRTEN LEHRER

PROFESSOR DR. ERNST VOIGT

IN BERLIN

IN DANKBARKEIT ZUGEEIGNET.

VORWORT.

Anlass und Aufgabe des folgenden Versuchs habe ich
in der Einleitung auseinandergesetzt. Hier möchte ich nur
über die äussere Geschichte meiner Arbeit berichten. Dieselbe entstand 1883—84 in Strassburg unter der gütigen
Teilnahme des Herrn Prof. Martin, welche derselbe meinen
Bemühungen auch später noch freundlich bewahrte. Ich
beabsichtigte die Schrift als Habilitationsarbeit zu verwenden;
da aber Herrn Prof. Scherer das Thema hierzu nicht geeignet
schien, legte ich sie zurück, bis in diesem Jahre die beiden
genannten Herren Professoren ihre Einwilligung zur Auf-
nahme derselben in die QF. gaben. Darauf unterzog ich
die inzwischen schon wiederholt durchgesehene Schrift einer
Umarbeitung, der besonders auch die Ratschläge meines
lieben Freundes Dr. Pniower zu gute kamen. — Ich fürchte
nun, dass eine höhere Kritik die verschiedenen Schichten
nur zu leicht an manchen nicht genügend ausgeglätteten
Unebenheiten und vielleicht selbst an kleinen Widersprüchen
erkennen wird. Jedenfalls sollte es mich freuen, wenn in
Inhalt und Form dabei sich ein Fortschritt herausstellen
sollte.

Nicht nur der angewandten Mühe wegen würde es
mir leid tun, wenn dieser Versuch sich als wertlos erweisen
sollte. Die Arbeit trägt den Namen des Mannes, dem ich

die erste Anregung zu meinem Studium und die erste Ein-
führung in meine Wissenschaft verdanke. Und demselben
Mann verdanke ich ferner noch das unschätzbare Glück,
dem besten und grössten Lehrer, den die deutsche Philo-
logie in unserer Zeit besass, persönlich näher getreten zu
sein. Auch W. Scherers Name ist für mich mit dieser
Arbeit, aber leider in traurigster Weise verknüpft. Die
Drucklegung hatte grade begonnen, als wir unseres theuersten
Leiters und Lehrers beraubt wurden. Hier ist nicht die
Stelle, dem herrlichen Mann einen Nachruf zu widmen,
den ich würdig doch nicht schreiben könnte; ich schliesse
mit den Versen des gefeiertesten Minnesängers:

> *ez hât diu werlt an ime verlorn*
> *duz ir an manne nie*
> *sô jæmerlicher schade geschach. —*

Berlin, 9. September 1886.

RICHARD M. MEYER.

INHALT.

ÜBER DIE GRUNDLAGEN DES VOLKSTÜMLICHEN STROPHENBAUS IN DER MHD. LYRIK.

CAPITEL I.

EINLEITUNG.

Mehr und mehr weicht die Ansicht von einer völligen Freiheit des Dichters hinsichtlich des Inhalts wie der Form, welche früher ausgesprochen oder unausgesprochen herrschte, der Erkenntniss von einer weitgehenden Bedingtheit desselben durch die Umstände. Doch völlig durchgedrungen ist sie höchstens, so weit es sich um die sogenannten höheren Dichtungsgattungen handelt; für die Lyrik ist dagegen vielfältig noch jene ältere Anschauung in Kraft. Grade jene Unterschätzung der Lyrik, die z. B. bei unserm grossen Literarhistoriker Gervinus nahezu bis zu einer prinzipiellen Verachtung aller nicht episch oder dramatisch zu nennenden poetischen Gestaltungen ging, begünstigte diese Meinung theoretisch. Praktisch liess andererseits die Vernachlässigung alles künstlerisch Notwendigen, welche neuere Erzeugnisse dieser Art verunziert, in den lyrischen Dichtungen gewissermassen halb unorganische Gebilde den höher organisirten Werken erzählender und darstellender Art gegenübertreten. Doch in Bezug auf den Inhalt fängt jetzt auch hier die bessere Einsicht an sich Bahn zu brechen. Vor allem das Studium Goethes führte darauf hin, anzuerkennen, was so nahe zu liegen scheint: dass der Dichter seine Stimmungen noch weniger allein aus sich heraus erzeugt

als seine Stoffe. Für die Form dagegen ist wohl noch jetzt
die Ansicht bei weitem die verbreitetste, dass hier eigentlich alles dem Autor möglich sei und, dass wenn er sich
nur dem Zwang einer grade herrschenden Vorliebe für bestimmte Formen zu entziehen wisse, nichts mehr Einfluss
habe auf die Gestaltung seiner dichterischen Gedanken.
Geblendet durch die Überfülle lyrischer Formen, die lange
freilich verkümmert schien, grade aber in neuester Zeit
durch Platens Schüler in viel höherem Grad als durch ihn
selbst neuerweckt hervorquillt, und verwirrt durch mancherlei
Kunststücke aus der Schule Rückerts, nach deren Vorgang
Alles gestattet schien, verzweifelte man endlich an jeder
Möglichkeit, die Grundlagen für eine Technik der Lyrik
festzustellen. So gibt man keinerlei Schranken für das
Genie des lyrischen Dichters zu, als die die Sprache selbst
ihm zieht; und auch sie scheint Verskünstlern kein ernst-
liches Hindernis zu bieten, wenn sie nur auf Geschmack
verzichten.

Nirgends herrscht nun diese vermeintliche Willkür
mehr als auf dem Gebiet des Strophenbaus. Der Vers
scheint doch noch einigermassen fixirt; aber seine Gruppi-
rungen? Es werden ja wohl einmal aus gewissen Grund-
formen andere hergeleitet, aber so, wie früher alle Etymologie betrieben wurde: der Vers wird verkürzt, wird verlängert, der Reim tritt dahin statt dorthin; hier verdoppelt,
dort vereinfacht, und schliesslich vielleicht noch corrumpirt —
so erwächst eine neue Gestalt, in der man bei ihrer nach-
träglichen Betrachtung dann sehr erstaunt sein muss, keine
verkrüppelte Missgeburt zu finden. Soll daher die Anschauung von der absoluten Freiheit des Lyrikers in
formeller Hinsicht widerlegt werden, so ist beim Strophenbau zu beginnen. Und zwar beim mhd. Strophenbau, nicht
bloss weil er einen Reichtum auf der einen, eine Strenge
auf der andern Seite zeigt, wie sie nie wieder erreicht wurden,
(und wie auch die Kunst der silbenzählenden Romanen,
schon ihrer Beschränkung der Reimfülle wegen, sie nicht
aufweist) —, sondern vor allem weil hier die Bahn zur
Erkenntniss der Gesetzmässigkeit durch die Untersuchungen

von Liliencron [Zs. VI 83 f.] und Scherer [D. St. I und II]
schon eröffnet worden ist.

Nun erscheint es wohl verwegen, wenn ich auf einem
Wege zu folgen suche, auf dem (so weit ich sehe) kaum ein
Vorgänger mich von den bahnbrechenden Meistern trennt.
Es scheint vielleicht selbst allzu verwegen, weil ich oben-
drein musikalischen Verständnisses und musikalischer Schu-
lung fast gänzlich entbehre, und statt hier Halbheiten vor-
zubringen deshalb vorziehen musste, die mhd. Musik so
gut wie ganz bei Seite zu lassen. Ich hätte auch unter
diesen Umständen den Versuch nicht gewagt, wenn ich ihn
hätte unterlassen können. Aber als ich andere Arbeiten
in Angriff nahm, fühlte ich durch das Fehlen einer derartigen Untersuchung auf Schritt und Tritt mich in dem Grade
gehemmt, dass ich auch auf jene hätte verzichten müssen,
wollte ich hier nicht mir selbst ein Gerüst zum Weiter-
bauen aufzurichten versuchen. Lieber wäre es mir gewesen, wenn ein mehr dazu geeigneter, wie z. B. Burdach,
die Arbeit unternommen hätte. So entschuldige denn die
persönliche Not ein Unternehmen das freilich, wenn es
auch nur als Staffel zu Besserem brauchbar wäre, einem
allgemeineren Bedürfnis entgegenkommen dürfte. —

Wenn ich gesagt habe, die Verse seien leidlich fixirt,
so ist das „leidlich" stark zu betonen; denn thatsächlich
beginnt gleich hier die Unsicherheit. Man hat sich wohl
in der Praxis so ziemlich über die Anerkennung gewisser
rhythmischer Wortfolgen als Verse geeinigt, aber ein ent-
scheidendes Merkmal fehlt durchaus. Diese Unsicherheit
war es, welche vor nun über fünfzig Jahren den Begründer
und unerreichten Meister der altdeutschen Metrik, Carl
Lachmann, zu der Forderung veranlasste, man solle in mhd.
Liedern die innern Reime von den Endreimen mit Sicherheit zu unterscheiden lehren, ehe man deren Unterscheidung
im Druck verlange [zu Walther 98, 40]. Dieser Forderung
ist auch heut noch kein Genüge geschehen.

Was End- und Innenreim sind, scheint freilich klar:
Endreim der Reim der am Ende, Innenreim der, welcher
im Innern des Verses steht. Beider Unterscheidung hängt

1*

also von der Begrenzung des Verses ab. Es scheint nun
auf den ersten Blick befremdend, dass solch grundlegender
Begriff, wie es der des Verses für die Metrik ist, nicht in
unzweideutiger Weise definirt werden kann. Würde doch
die praktische Anwendung dieser Definition alle jene zahlreichen Fülle zweifellos entscheiden können, welche den
Herausgebern mittelhochdeutscher Gedichte Schwierigkeiten
bereiten. Dennoch ist das der Fall. „Selbst den Begriff
des Verses zu bestimmen hat bisher unserer Aesthetik nicht
gelingen wollen", sagt Westphal [Theorie der nhd. Metrik
S. VII].

Da die Bedeutung des Verses darauf beruht, dass er
in einem Gedicht (d. h. in einer dem Sinn und der Form
nach abgerundeten, rhythmisch geordneten Wortfolge) ein
constantes Glied bildet, so schiene die nächstliegende Definition des Verses die, dass er die unveränderliche Masseinheit des Gedichtes sei. Man sieht aber gleich, dass dies
nur auf stichische Dichtungen passen würde. Und wenn
von dieser Anschauung ausgehend du Méril bemerkt, die
Strophe sei eigentlich nur ein Vers [Essai philosophique
sur la versification 83, 3], so ist das zwar völlig richtig
(wie ja auch versus und στροφή der Bedeutung nach ursprünglich identisch sind), aber es hilft nicht vorwärts, da
dieser Grossvers doch weiter zerlegt werden muss. Aber
selbst für die stichische Dichtung, unzweifelhaft wohl die
älteste Form geordneter Poesie, genügt jene Definition nicht.
Bei Gedichten, deren Reihen aus lauter gleichartigen Bestandteilen zusammengesetzt sind, bliebe unklar, wo der
Vers aufhört. Wesshalb machen wir den Abschnitt z. B.
nach dem iambischen Dimeter? warum nicht nach jeder
Dipodie? warum nicht gleich nach jedem Jambus?

Zwar die letztere Möglichkeit pflegen die üblichen
Definitionen des Verses auszuschliessen, indem sie den Vers
der kleinsten Einheit überordnen. „Treten mehrere der
besprochenen Einheiten — Hebungen, Sylben, Versfüsse —
in ein bestimmtes, sie als zusammengehörig kenntlich
machendes Verhältnis, so entsteht eine neue höhere rhythmische Einheit, die Wortreihe, der Vers", sagt z. B. Valen-

tin [Der Rhythmus als Grundlage einer wissenschaftlichen Poetik S. 10] Aber was macht sie denn als zusammengehörig kenntlich? Die Pause am Schluss, der beherrschende Accent am Beginn [Pierson Métrique naturelle S. 13]. Und wesshalb setzen wir dort Pause und hier Hochton?

Ich sehe keine andere Antwort als diese: weil der Dichter es so will. Weil er uns irgendwie, meist (aber z. B. in der griechischen Poesie nicht notwendigerweise) durch die Wortfügung, andeutet, dass grade da und dort ein längerer Abschnitt gemacht werden soll, desshalb accentuiren wir diesen Abschnitt, wie der Sänger grade die und die Note länger aushält, weil ihm das vorgeschrieben ist. Und dieser vom Dichter angeordnete Absatz bestimmt die Ausdehnung des Verses. Der Vers wäre demnach ein Stück rhythmischer Wortfolge, welches durch eine ihm folgende Pause als Einheit hervorgehoben wird. Und zwar als Einheit sowohl den kleineren (gleichartigen oder ungleichartigen) Bestandteilen gegenüber, aus denen er zusammengesetzt ist, als auch dem grösseren Gedicht gegenüber, welches er bilden hilft. Dort sind kleinere Pausen gestattet, hier ist eine noch grössere als am Versende nötig.

Ohne eine solche „subjective Definition“, die nämlich nur die Absicht des Autors definirt, ist der sonst höchst praktische Begriff des Verses gar nicht festzuhalten. Systematische Denker haben ihn desswegen entschlossen fortgeworfen. Eine völlig objective Definition der rhythmischen Masseinheit erzwang nur Pierson in seinem originellen aber schwerlich sehr fruchtbaren Werk „Métrique naturelle du langage“: „La durée unité est la plus petite de toutes les durées à mettre en rapport“ [aao. XXVII]. Praktisch hilft dies zu kleine Mass so wenig wie das zu grosse der Strophe. Wenn dagegen Westphal den Ausdruck „Vers“ der höheren Kategorie der Reihe geopfert hat [s. u.], so ist dies gewiss ein theoretischer Fortschritt; aber hinsichtlich der Begrenzung gilt für die Reihe ganz dasselbe, was wir oben für den Vers ausführten. — Wir haben desshalb in der Regel die gewohnte Bezeichnung „Vers“ sowohl für vollständige als für unvollständige Reihen angewandt, zumal

bei den einfachen Verhältnissen der älteren Strophik Vers
und Reihe wirklich oft zusammenfallen.

Indess ist unsere Definition noch zu weit. Noch immer
wäre Alles möglich, und nichts entschieden. Will der
Dichter in einem mhd. Gedicht an bestimmter Stelle eine
längere Pause, so haben wir einen Versschluss und einen
Endreim; will er nur eine kleine Pause, so liegt nur ein
Versteil mit Binnenreim vor. Wie wollen wir erraten, wie
lange zu pausiren ist?

In der That ist dem einzelnen Vers das nie anzusehen.
Aber der einzelne Vers ist eben nur das unselbständige
Glied einer höheren Einheit. Hier gilt jenes Wort: „Willst
du, dass wir mit hinein in das Haus dich bauen, lass es
dir gefallen, Stein, dass wir dich behauen". Der Stein kann
jede denkbare Form haben, aber nicht in jeder kann er
Baumaterial sein. Jeder Vers ist möglich, aber nicht jeder
überall. Und desshalb kann über die Gestalt des Verses
in zahllosen Fällen Sicherheit nur aus der Strophe gewonnen
werden. Aus deutlichen Beispielen müssen Regeln gezogen
werden, die für zweifelhafte die Richtschnur abgeben können:
gestattet der Strophenbau hier eine grössere Pause oder nicht?

Ich wähle ein beliebiges nhd. Beispiel. Die Worte

　　　　„Gib dich so wie du bist"

bilden eine wohlgeordnete rhythmische Reihe, ob ich sie
daktylisch und ohne Auftakt lese oder trochäisch und mit
Auftakt. Keine von beiden Lesarten (um das Wort doch
einmal seinem eigentlichen Sinn entsprechend zu verwenden)
thut dem Tonfall Gewalt an, keine entbehrt zahlreicher
Analogien. Sogar die aus stilistischen Gründen wünschens-
werte kleine Pause vor „wie" bleibt in beiden Fällen ge-
wahrt. Es wäre willkürlich, zu sagen, so oder so müssten
die Worte gelesen werden. — Wir fügen eine gleichgebaute
zweite Zeile hinzu:

　　　　„Weil das die Form doch ist" —

Noch immer bleiben beide Auffassungen möglich. Aber
fügen wir an:

　　　　„Die Gott dir gab",

so macht diese dritte Zeile die ersten unzweideutig. Sollen

die drei ein rhythmisches Ganzes bilden, so müssen sie hier
sämmtlich daktylisch und ohne Auftakt gelesen werden.
Aber ebensogut können wir diese Möglichkeit ausschliessen:
die dritte Zeile

„Die Gott dir hat gegeben"

zwänge den ersten beiden Auftakt und trochäischen Fall
auf. Wesshalb in beiden Fällen der Abgesang die Natur
der Stollen klarlegt, brauchen wir hier nicht zu erörtern;
die Thatsache wird Niemand bestreiten.

Wie haben wir danach unsere Definition des Verses
zu verbessern?

Bei Metrikern anderer Sprachen finden wir keinen Rat.
Einzig das Prinzip der Silbenzählung bestimmt die Ausdehnung des Verses im Allgemeinen in unzweideutiger
Weise, grade also das roheste von allen, während ein jedes
feinere Princip häufig die Zugehörigkeit kleinerer oder selbst
grösserer Silbenreihen zu einem oder dem andern Verse in
Frage lässt. Dieselbe Unsicherheit finden wir nun aber
sogar auch auf dem so viel länger mit grösster Sorgfalt
und unter Aufbietung zahlreicher Arbeitskräfte, mit einer
Fülle von Einzelbeobachtungen und Vergleichungen ge-
pflegten Felde der classischen, speciell der griechischen
Metrik. Noch Westphals grossem Werke fehlte in der ersten
Bearbeitung eine richtige Definition des Verses. Auf Lehrs'
Tadel dieses Mangels untersuchte Westphal diesen Punkt
dann für sich in dem Aufsatz „Vers und System" [Jahrb.
f. class. Phil. 1860 S. 189 f.] und entschied sich dahin, das
Wort „Vers" als zweideutig ganz aufzugeben und vielmehr
die rhythmischen Systeme in rhythmische Reihen und
Perioden zu gliedern; die Verszeile aber, d. h. die typo-
graphische Abteilung der Reihen, erklärte er für völlig
gleichgiltig. Dies hat er dann in der neuen Bearbeitung der
griechischen Metrik [I 187 f.] durchgeführt, er hat aber
auch weiter völlig analoge Sätze zur Grundlage seiner Behandlung der nhd. Metrik gemacht. Hier heisst es: „Wollen
wir uns über unsere Metrik wirklich ins klare bringen, so
dürfen wir nicht mehr mit den drei Kategorien: Versfüsse,
Verszeilen und Strophen operiren, sondern mit folgenden

vieren: mit Takten (für die man immerhin das freilich
ungerechtfertigte Wort Versfüsse beibehalten mag), mit
rhythmischen Reihen oder Gliedern, mit Perioden, mit
Strophen" [Theorie der nhd. Metrik S. 84]. Das Absetzen
der Verszeile erklärt Westphal ausdrücklich für eine lediglich der bequemern Uebersicht dienende Äusserlichkeit
[a. a. O., vgl. ebd. S. 12]. Und in diesem Punkt nun wird
seine Ansicht wohl fast allgemein geteilt; mindestens
gerade für die nhd. Poesie hat Bartsch völlig analoge An-
sichten geäussert. Grade wie Westphal für durchaus gleichgiltig erklärt, ob wir schreiben:

> Hier sind wir versammelt zu fröhlichem Thun,
> Drum Brüderchen ergo bibamus,
> Die Gläser sie klingen, Gespräche sie ruhn,
> Auf trinket und singet bibamus,

oder aber:

> Hier sind wir versammelt zu fröhlichen Thun, drum Brüder-
> chen ergo bibamus,
> Die Gläser sie klingen, Gespräche sie ruhn, auf trinket und
> singet bibamus

[Vers und System S. 190 vgl. Griech. Metrik I 490. Nhd.
Metrik S. 27 vgl. ebd. S. 64. 142. 162 u. ö.], so erklärt Bartsch
für gleichbedeutend, ob man MF 8, 25 lese

> Ez hât mir an dem herzen
> vil dicke wê getân
> daz mich des geluste
> des ich niht mohte hân

wie Lachmann-Haupt schreiben, oder aber

> Ez hât mir an dem herzen vil dicke wê getân
> daz mich des geluste des ich niht mohte hân

[Die lat. Sequenzen des Ma. S. 74 vgl. auch Pf. Germ.
II 272]. Er selbst hat denn auch [Deutsche Liederdichter [2] I 31]
die letztere Schreibung gewählt. Mit andern Worten: Beide
bestreiten für diese Fälle völlig den Unterschied von End-
und Binnenreim, indem sie es freigeben, diese Zeilen als
Voll- oder Teilverse aufzufassen. Zwar gerade bei dem
von Bartsch angezogenen Beispiel liegen in der Schreibung
Haupts Waisen vor; aber ganz dasselbe würde natürlich

(worüber wir gleich noch zu sprechen haben werden) auch gelten, wenn sich hier Reime fänden. So hat Bartsch z. B. in Veldekes Lied MF 62, 25 Verszeilen, die Lachmann und Haupt mit Endreim schliessen lassen, als Teilverse mit Binnenreimen geschrieben [Liederd. VII 129 f.]. Diese Schreibung ist eine wenn auch freilich nicht mit Konsequenz durchgeführte Anerkennung der Bedeutungslosigkeit von Verszeilen der Reihe gegenüber. Und in der That glaube ich, dass man diesen Satz, und zwar in der vollen Ausdehnung die Westphal ihm gibt, nicht gut wird anfechten können. Er stimmte keineswegs zu meinen vorgefassten Meinungen und ich muss gestehen, dass ich mich wochenlang mühte, an den von Westphal und Bartsch angezogenen und andern analogen Fällen einen Unterschied der Abteilungsarten herauszuhören, herauszulesen, herauszurechnen; aber ich fand bloss eine minimale Verstärkung der Versaccente und Dehnung der Verspausen bei der Einzelscansion der kleineren Wortreihen, während jeder Versuch, über die eigentliche „Reihe" herauszugreifen oder unter derselben zu bleiben den Rhythmus aufs fühlbarste zerriss.

Ist dies nun richtig, ist die Bestimmung des Verses nur von graphischer Bedeutung, so könnte als Folgerung erscheinen, dass nur die am Ende der Reihen stehenden Reime Endreime, alle andern aber Innenreime zu nennen wären. Der Einwand, dass die reihenschliessenden Worte in der Regel mit Worten am Ende der einzelnen „Verse" reimen ist unzulänglich, da dies (wenn auch erst in späterer Zeit) auch bei Worten vorkommt, die solche Wortreihen beschliessen, welche selbständig zu denken unmöglich ist. Reim zwischen unzweifelhaften Reihenschlüssen und unzweifelhaften Binnenworten ist somit nicht zu bestreiten. Aber es ist unverkennbar ein Unterschied zwischen derartigen Innenreimen ausgesprochenster Art und anderen, deren volle Gleichartigkeit mit den Reimen am Reihenende wie die dichterische so auch die musikalische oder recitatorische Praxis anerkennen muss. Um irgend ein Beispiel herauszugreifen: liest man das Gedicht Riet. 19, 7 mit natürlichem Tonfall, so werden die Reime *zît : lip* gerade so deutlich herausspringen, wie das Reimpaar *fró : alsó*, dessen Glieder Reihen schliessen. Lesen wir dagegen ebenso ungezwungen Rugge 100, 12, so werden wir über das Reimpaar *man : began* weglesen; es bedarf einer besonderen Aufmerksamkeit, um dasselbe deutlich zu accentuiren. Hieraus ersehen wir, wie ich meine, den Unterschied von End- und Binnenreim: der Endreim steht an einer Stelle, die durch den Rhythmus des Gedichtes selbst mit Notwendigkeit hervorgehoben wird; der Inreim dagegen steht an einer beliebigen Stelle, deren Betonung der Rhythmus nicht erfordert, ja deren scharfe Accentuirung sogar geradezu dem Rhythmus widerstreben kann. Statt also den Endreim durch den Vers zu bestimmen, können wir vielmehr den Vers sich durch den Endreim abmessen: die vom Rhythmus verlangte Pause begrenzt jenes Mittelstück zwischen Takt und Reihe, welches „Vers" genannt zu werden pflegt; sie begrenzt es freilich auch wenn sie keinen Reim trägt.

Diese Definition von End- und Binnenreim ist, so weit ich sehe die einzige, welche wirklich durchzuführen ist. Sie entspricht zugleich völlig dem innern Wesen des Reims überhaupt. Denn unzweifelhaft ist ja der Rhythmus die Grundlage des Gedichts; aus den durch die rhythmischen Reihen hervorgehobenen Stellen wächst mit innerer Notwendigkeit der Reim hervor [ich führe von vielen Stellen, in denen dieser kaum angreifbaren Auffassung Raum gegeben ist, nur Kelles Einl. zu Otfrids Evangelienbuch 1 88 an]. Die Reimzeilen sind also einfach mit gleichklingenden Worten schliessende rhythmische Abschnitte, und wo der Reim nicht diese Stelle einnimmt, ist er secundärer Natur, gleichsam ein uneigentlicher Reim, von keiner grösseren metrischen Bedeutung als etwa die Innenassonanz altnordischer Verse [Rask Verslehre der Isländer verdeutscht von Mohnike S. 22]. Gottschall [der nebenbei bemerkt die oben citirte Stelle Kelles in seiner Poetik I 258 wörtlich abschreibt] sagt mit glücklichem Ausdruck: „Der Reim ist der volltönende Schlussaccent des Verses." Wir würden danach die Frage nach dem Unterschied der End- und

Innenreime umzusetzen haben in die Frage: An welchen
Stellen hat der mhd. Vers einen metrischen Hochton?

Könnte diese Fragestellung aber auch vielleicht eine
Beantwortung ermöglichen, die bisher nicht gelang, so
könnte ihr Inhalt doch mit dem der ursprünglichen Frage
nicht übereinzustimmen scheinen, weil unsere Definition des
Innenreims mit dem Sprachgebrauch sich allerdings nicht
deckt. Indessen ist die Anwendung der bezüglichen Termini
eine so schwankende und inconsequente, dass grade sie den
betreffenden Untersuchungen immer hindernd im Wege ge-
standen hat. So leuchtet es ein, dass gleich die berühm-
testen aller mhd. Binnenreime, nämlich die in Nibelungen-
strophen, nach unserer Auffassung mit den Endreimen auf
gleicher Stufe stehen. Denn bei der natürlichen Recitation
der Strophen treten unzweifelhaft die Schlüsse der Teilverse scharf hervor; sind doch nach der Auffassung z. B.
Zarnckes diese Inreime nahezu alle, nach der von Lachmanns Schülern doch mindestens einzelne in ganz derselben
Weise entstanden wie ursprünglich der Reim überhaupt:
indem der Gleichklang an den besonders in's Ohr fallenden
rhythmischen Punkten sich fast von selbst einfand. So
hat denn auch Lachmann in seiner Ausgabe gegen den
Widerspruch J. Grimms [Rede auf Lachmann Kl. Schr.
I 161] die Teilverse abgesetzt, gerade wie es auch mit den
schon angeführten von Bartsch fortlaufend geschriebenen
Reihen der Kürenbergstrophe von Lachmann und Haupt
geschehen ist. Damit sind aber die betreffenden Reime als
Endreime anerkannt. Nennt man sie gewöhnlich Binnenreime, so geschieht dies nur von dem Standpunkt der
speciellen Compositionsform dieser Strophen aus, die in der
Regel an den betreffenden Stellen Reime nicht aufweist,
ohne übrigens durch ihre Durchreimung im Bau irgend geändert zu werden. Man setzte also die willkürliche metrische
Abgrenzung mit der notwendigen rhythmischen Gliederung
gleich und nahm den „Vers" als gewissermassen unteil-
bares Ganzes, wie es im rhythmischen Sinn die „Reihe" allerdings ist; so wurde denn der innerhalb dieses Abschnitts

erscheinende Reim zum Inreim. Man könnte mit nahezu
demselben Recht, wo in regelmässig durchgereimten Gedichten an einzelnen Stellen ausnahmsweise der Reim fehlt
— Fälle, wie sie z. B. für Schiller Belling [Metrik Schillers
S. 36 S. 64] gesammelt hat —, die betreffenden Reime für
Innenreime erklären und die mit ihnen endenden Reihen in
die ausnahmslos gereimt ausgehenden einschliessen. Es
liegen hier also nicht Innenreime, sondern in dem letztern
Falle gelegentlich fehlende, in dem ersteren gelegentlich
auftretende Endreime vor. Das gelegentliche Auftreten der
Reime ist ja schon durch die Reimzeilen der alliterirenden
Gedichte genügend bezeugt, wo man doch die Qualität des
Endreims den die Halbzeilen schliessenden Wörtern nicht
abstreiten kann. Es sei uns also gestattet, im Verlauf
dieser Arbeit als „Binnenreime" nur diejenigen Reime zu
bezeichnen, deren Hervorhebung der Rhythmus des betreffenden Verses nicht mit Notwendigkeit ergibt. „Vers"
aber werden wir diejenige Wortreihe nennen, die durch
eine längere Pause am Schluss als vom Dichter gewollte Einheit sich heraushebt, sobald nämlich diese Pause
durch den Rhythmus des betreffenden Gedichts und den Bau
der betreffenden Reihe mit Notwendigkeit gefordert wird.

Wo dies nun immer der Fall ist, das zu zeigen wird
eben die Aufgabe dieser Arbeit sein. Schon jetzt sei uns
gestattet, das Wesentliche vorauszunehmen: notwendige
Pausen treten nach all denjenigen höher. betonten Stellen ein,
welche die Gliederung der Gedichte klar und deutlich hervortreten lassen. Ähnlich müssen in der frz. Verskunst, die
ja nur Silbenzählung kennt, die kürzeren Verse eine Silbenzahl besitzen, welche der Silbenzahl irgend eines der
rhythmischen Teile gleich ist, aus denen der längere Vers
gebildet werden kann [Lubarsch Abriss der frz. Verskunst
S. 65]. Mit andern Worten: dieselben Abschnitte, die einmal nur der Rhythmus sondert, werden das andere Mal
noch durch Endreim begrenzt.

Innerhalb der Strophe also trennt zunächst eine un-
entbehrliche Pause Aufgesang und Abgesang, denn dies
sind „Perioden" im Sinne Westphals; eine weitere hebt

die Stollen von einander ab, und ebenso die Theile eines zweigliederigen Abgesangs (für welche Schmeckebier Deutsche Verslehre S. 100 den guten Ausdruck „Wende" vorschlägt), denn dies sind eben „Reihen". Weitere Gliederung erfordert anderweitige Pausen.

Ist die Ansicht zutreffend, dass alle Strophenformen aus der stichischen entspringen, so werden durch die Pausen schliesslich doch im Wesentlichen diejenigen Reihen ausgezeichnet sein, welche der Masseinheit der ursprünglichen Form entsprechen.

Wir lehnen es also ab, für den Vers allgemein giltige Bestimmungen aus äusseren Momenten, wie z. B. scharfe Interpunktion, Hiatus, Reim abzuleiten, da diese sämmtlich ebensowohl innerhalb der rhythmischen Reihe, bei Teilversen also, vorkommen als auch besonders an deren Ende, bei Vollversen, fehlen können. Ebensowenig wüssten wir die Strophe anders zu bestimmen als in analoger Weise: sie ist eine Folge von rhythmischen Reihen, die zu einander in geregeltem Verhältnisse stehen, und ist durch eine starke Pause am Ende als vom Dichter gewollte abgeschlossene Einheit kenntlich. Jene drei Zeilen z. B. die wir schon vorhin als Paradigma verwerten, können eine tadellose Strophe bilden, die dreiteilig mit Auf- und Abgesang allen Bedingungen selbst der strengeren Kunst genügen würde. Sie können aber ebenso gut nur die erste Hälfte einer zweiteiligen Strophe von sechs Zeilen bilden. Und diese sechs Zeilen könnten ihrerseits der Aufgesang zu einem Abgesang von verschiedener Gestalt werden. Wieder ist nur aus dem grössern Ganzen der Charakter des Teils erkennbar.

Ja man könnte selbst unsere allgemeine Regel noch mit dem Hinweis auf das Enjambement für zu eng erklären. Doch wäre dies unrichtig. Überlaufende Konstruction bleibt immer ein Verstoss gegen die reine Kunstform. Meist bleibt übrigens unsere Regel doch auch hier in Kraft; denn mit Hintansetzung des stilistischen oder grammatischen Zwangs pflegt die Pause am Strophenschluss auch hier deutlich hervorzutreten. Von überlaufender Konstruction lässt sich eben auch nur sprechen, wo zahlreichen regelmässigen

Fällen einzelne Ausnahmen gegenüberstehen; würde sie in einem Gedicht einmal überwiegen, so würde von strophischer Form kaum noch gesprochen werden können. Das Enjambement macht für den Strophenschluss die Pause so wenig entbehrlich wie für den Vers der gebrochene Reim: „Hans Sachs war ein Schuh — macher und Poet dazu" darf man nicht als berechtigte Form aufstellen. —

Indem unsere Auffassung viele rhythmische Reihen in die Kategorie der Teilverse einbezieht, die man gewöhnlich als Vollverse ansieht, lässt sie dieselben statt durch die Pause des Versschlusses nur durch Cäsur geschlossen werden. Immerhin bleibt eine Pause und nur ihr relativer Wert wird dem der versschliessenden Pause gegenüber gemindert. Gibt es nun aber wenigstens für die Pausen überhaupt äussere Bestimmungen? sind hier allgemein giltige Regeln aufzustellen, nach denen eine Pause jedes Mal eintreten muss?

Dies ist allerdings meine Ansicht. Und der erste und wichtigste Fall ist wohl ziemlich zweifellos: eine Pause tritt bei jedem Interpunktionszeichen ein. Dies ist eigentlich eine Tautologie, denn das Zeichen drückt ja eben die Notwendigkeit der Pause aus. Aber die Pause kann so gering sein, dass sie für den metrischen Gang überhaupt nicht in Betracht kommt, von andern nahe dabei stehenden vielleicht überwogen. Die metrische Pause erfordert, wie schon angedeutet, ein höher betontes Wort, auf dem die Stimme nachhallend ruht; ein solches aber steht gar nicht vor jedem Komma. In dem Verse Hausens 44,26 z. B. *waz danne, und arne i'z under stunden* würde ein starkes Hervorheben der Interpunktion unnatürlich klingen. Immerhin wird die Interpunktion stets einen Fingerzeig für die naturgemässe Gliederung der Verse bieten und namentlich in der älteren Zeit, die noch keinen verwickelten Periodenbau hat und in der der Dichter meist noch dem natürlichen Tonfall der · Rede sich anschliesst, wird sie selten täuschen. Stärkere Interpunktion bezeichnet selbstverständlich stets Pausen; in dem Vers MF 6, 19 z. B. *ich bin vrô : dêst ir gebot* kann man es gar nicht vermeiden, nach dem *vrô* länger als sonst innerhalb dieser Reihe einzuhalten. Dazu kommt dann oft

noch eine rhetorische Gruppirung der wichtigsten Wörter
um diesen Einschnitt, z. B. bei Reimar 197, 27 *daz waz ich
ê: nu bin ichz niht.* *Daz nu* hebt das *ê* noch stärker hervor
und beide nachdrücklich zu betonende Worte muss ein
Zwischenraum trennen. Allgemeine Regeln speciellerer Art
aber sind hier schwerlich zu gewinnen.

Fälle wie der letzterwähnte führten über zu der
häufigsten Gattung von Innenpausen: die Stimme ruht auf
einem besonders wichtigen Wort so lange, dass ein neuer
Stimmeinsatz nötig wird und wir eine Cäsur erhalten. So
ein Beispiel für tausende MF 3, 15 *swer mit triwen der
niht phliget*: *triwen* muss so stark ins Ohr fallen, dass es
nahezu eine Reihe abzuschliessen scheint; es hebt einen
Teilvers aus, denn man spürt einen neuen Beginn nach
diesem Gipfelpunkt.

Aber auch diesen Pausen könnte man metrische Bedeutung noch absprechen wollen und man hat solche Cäsuren thatsächlich auch bis jetzt fast nirgends als vollgiltig
betrachtet. Wenn indessen in einer Reihe gleichgebauter
Verse der Ton jedesmal auf dieselbe Stelle füllt und diese
Stelle eine Cäsur zu tragen an sich geeignet ist (indem
sie der andern Hochtonstelle des Verses, der reimtragenden
Silbe, keinen Eintrag tut), so genügt dies, glaube ich, um
eine vom Dichter beabsichtigte Cäsur zu bezeichnen, die
wir dann als solche anerkennen müssen. Keine stärkeren
Merkmale machen in der antiken oder romanischen Metrik
die dort so bedeutungsvollen Diäresen und Cäsuren kenntlich. Wirklich ist nun aber dies der Fall und die mhd. Verse,
die den Umfang von zwei Takten überschreiten, haben fast
ausnahmslos einen constanten Einschnitt nach einer durch
Interpunktion oder Hochton (im Sinne des gewöhnlichen
Hochton überragenden rhethorisch höheren Accents natürlich) ausgezeichneten Stelle. Nur kann die Cäsur, wie in
den andern Sprachen auch, männlich oder weiblich sein,
d. h. der Hochton kann auch eine zur Tonsilbe gehörige
oder ihr enklitisch angelehnte Senkung noch mittragen, so
dass der neue Stimmeinsatz erst nach dieser folgt. Wie
nun aber die Senkungen in der mhd. Metrik überhaupt eine

geringe Rolle spielen oder, um Brücke's deutlichere Termini zu gebrauchen, der Abstand der Arsengipfel für die
deutsche Metrik das allein entscheidende ist [Physiol. Grundlagen der nhd. Verskunst S. 22], so kann auch männliche
Cäsur mit weiblicher wechseln, d. h. es kann die nach-
hallende Silbe durch Aushalten auf der tontragenden ersetzt
werden. Ja es kann sogar in Reihen, denen keine einzige
Senkung fehlt, die Cäsur männlich sein, indem die Senkung
wie ein Auftakt zum zweiten Kolon gezogen wird. Diese
Annahme wird vielleicht am meisten bedenklich erscheinen,
obwohl sie in der romanischen Metrik sichere Analogien
besitzt [Tobler Vom frz. Versbau S. 82] und ich sträubte
mich auch selbst längere Zeit dagegen, bis sie mir un-
abweislich schien. Ich hoffe, dass die Bemerkungen über
die Cäsur des vierhebig stumpfen Verses sie als in der
That notwendig erweisen werden.

Wollte man endlich noch immer die Bedeutung der
mhd. Cäsur läugnen, indem man ihr festes Eintreten an
bestimmter Stelle zwar zugäbe, aber für nicht vom Dichter
beabsichtigt erklärte und nur aus dem natürlichen Fall der
Rede herleitete (woraus sie denn allerdings auch meiner
Meinung nach stammt), so zeigt ein drittes Kriterium für
die Cäsur, dass die Minnesinger auf. diese wirklich Rücksicht nahmen und sie zweckvoll zu verwenden verstanden.

Der Hiatus, in der classischen Poesie streng gemieden
und daher, wo er scheinbar auftritt, Merkmal des Schlusses
einer rhythmischen Reihe [Westphal, Metrik der Griechen
I 492], kann in der deutschen Poesie dies nicht sein, weil sie
ihn im Allgemeinen innerhalb der Reihe duldet. Der an Mit-
lauten überreichen deutschen Sprache (welcher Friedrich der
Grosse ihre Konsonantenhäufung im Gegensatz zu den romanischen Sprachen so hart zum Vorwurf machte) musste mehr
daran gelegen sein, den glatten Gang der Recitation oder
vollends des Gesangs durch schwierige Konsonantenzusammenstösse nicht stören zu lassen. Innerhalb eines
Worts nun duldet schon der Genius der Sprache höchst
selten wirklich beschwerliche Häufungen von Konsonanten;
wohl aber können sie entstehen, wo konsonantischer Aus-

laut auf gleichfalls konsonantischen Anlaut stösst. Selbst
sonst geduldete Verbindungen scheinen hier härter, wie ja
im Innern des Worts den Hiatus auch viele Sprachen
dulden, die zwischen zwei Wörtern ihn verbieten. Aber
wie beim Hiatus [J. Grimm, Lat. Ged. des X. u. XI. Jhr.
S. XXII Kl. Schr. VII 25. — Tobler a. a. O. 108] mildert
auch hier Cäsur den Zusammenstoss, da die aus- und an-
lautenden Konsonanten ja eben dann nicht so scharf auf-
einanderprallen. Aus diesen Rücksichten sind euphonische
Regeln hervorgegangen, die ich bei den Minnesingern, wenn
auch nicht überall mit gleicher Strenge, beobachtet glaube
und die ich so formulire:

1. Der Auftakt hat beliebigen Auslaut vor beliebigem
   Anlaut.

2. Die Hebung lautet aus
   a) auf einfache Konsonanz: jeder Konsonant vor jedem
      Consonanten der Senkung gestattet.
   b) auf mehrfache Konsonanz. Dies ist ohne Cäsur
      nur bei Gleichartigkeit des auslautschliessenden
      Konsonanten mit dem anlautenden gestattet, z. B. *lânt
      si* MF 37, 16, *helt die* 37, 25, *ist daz* 3, 5, *kumest
      du* (= kumestu) 5, 2. In andern Fällen muss Cäsur
      eintreten, auch sonst zuweilen, z. B. bei t + s:
      niht sô 3, 17.

3. Die Senkung lautet aus
   a) auf einfache Konsonanz. Auf diese darf konsonan-
      tischer Anlaut der Hebung nur folgen, wenn der
      auslautende Konsonant Liquida, ch, s, z und der
      zweite Konsonant weder p noch t oder k ist. (Doch
      folgen auf ch, s, z selten andere Konsonanten als
      Liquida, h, s, v). Ausserdem ist noch t vor r und
      s und nach n und r (doch nicht bei Allen) ge-
      stattet. Dreifache Konsonanz ist zulässig, falls der
      dritte Konsonant entweder Liquida (n gr, n tr,
      n vr, r dr, r tr, r vr, s fr, z sl) oder mit dem
      zweiten gleichartig ist (lt d, st d). — In allen
      andern Fällen muss Cäsur eintreten.

b) **auf mehrfache Konsonanz.** Hier ist die Cäsur unentbehrlich. —

Diese Regeln sind leicht zu erklären. Schwierige Konsonantenzusammenstösse sind nur erlaubt wo eine Pause sie
mildert (nach dem Auftakt, sonst bei Cäsur). Sonst ist
eigentlich nur gestattet, dass auf auslautenden Konsonanten
(mit Ausnahme aller Verschlusslaute) anlautend einfacher
Konsonant (mit Ausnahme der tonlosen Verschlusslaute) und
auf diesen abermals Liquida (fast stets r) folge. Denn wo
der dritte Konsonant dem zweiten gleichartig ist, werden
thatsächlich nur zwei Laute ausgesprochen: *lant si* wie
lân-zi, helt die wie *hel-tie, kumest du* wie *kumes-tu*. Von
der Hebung in die Senkung ermöglicht der stärkere Aus-
atmungsdruck auch die Ueberwindung von Schwierigkeiten,
die von der Senkung in die Hebung nur eine Cäsur ermöglichen würde, z. B. (im Wortinnern) *sanfte* 6, 25.

Ausnahmen von diesen Regeln kommen vor und zwar
erstens in den ältesten Gedichten, besonders zahlreich in
der noch keiner geschulten Kunst verdankten Strophe 3, 1
(so gleich *bist* vor *min* in der Senkung), und zweitens in
gewissen Versen, die in formelhafter Uebereinstimmung sich
in zahlreichen Liedern finden z. B. *nâhest sach* 6, 21 (wo
die Hs. A desshalb auch *nâhes sach* schreibt), und die eben
gleichfalls der älteren Kunstperiode entstammen (vgl. Zs.
29, 132 f.). Vereinzelt sind auch sonst noch Ausnahmen
nachzuweisen und der Gebrauch der einzelnen Dichter, weil
nicht in allen Punkten übereinstimmend, verlangt besondere
Einzelbeobachtungen. Das Wesentliche halte ich für sicher
und werde im Folgenden noch öfter darauf einzugehen
haben. — Keiner besonderen Bemerkung bedarf, dass von
Hebung zu Hebung Alles ohne Ausnahme gestattet ist,
selbst so harte Fälle wie t + l, rst + s.

Nach dem Gesagten ist also die Cäsur ausser bei
starker Interpunktion und rhetorischem Hochton noch noth-
wendig in folgenden Fällen:

1. nach der Hebung: wenn auf auslautende mehrfache
Konsonanz ein von dem zweiten Konsonanten verschieden
gearteter dritter Konsonant folgt;

II. nach der Senkung: 1) wenn auf auslautende einfache Konsonanz Tenuis anlautet, sowie stets bei auslautendem Verschlusslaut,

2) wenn sie mit Doppelkonsonanz schliesst (als solche wird jedoch eine nur graphische Consonantenhäufung nicht angesehen: lt d z. B. wird behandelt, als lautete l aus, t an). —

Nachdem wir nun die Natur der Verse sowohl dem ganzen Gedicht gegenüber als im Verhältnis zu seinen durch die Cäsur geschiedenen Teilen für unsern Gebrauch zu bestimmen versucht haben, können wir von der allgemeinen Betrachtung zu der der einzelnen Versgattungen übergehen. —

DER VIERHEBIG STUMPFE VERS.

„Vers" nannten wir diejenige rhythmische Reihe, an deren Schluss eine Pause bei natürlicher Recitation sich von selbst ergiebt. Diese Pause erweist dann die Reihe als vom Dichter gewollte Einheit.

Die einfachste Gestalt des Verses wird daher diejenige sein, welche der zwanglosen Rede überhaupt am nächsten steht. Welche Abschnitte sich aus dem natürlichen Rhythmus heraus ergeben, welche Wortgruppen also eine Accentuirung ihrer Schluss-Tonsilben erfordern, das zeigt vielleicht am besten ein Blick auf den Accent der Prosa und der gewöhnlichen Rede. Denn dieser wird die physiologischen Grundlagen der Tonverteilung ungezwungen und zuverlässig zeigen, weil ja keinerlei Kunstregeln hier auf dieselbe beirrend einwirken.

Diese Absicht verfolgt denn auch das schon erwähnte grosse und schwierige Buch Piersons für die „natürliche Metrik" der frz. Sprache. Aber trotz sorgfältiger Ausbeutung musikalischer und physikalischer Kenntnisse kommt es doch kaum irgendwo zu Ergebnissen, die auch nur der Analogie wegen für uns Wert hätten. —

Für das einzelne Wort zunächst hat Lachmanns unendlicher Fleiss und bewunderungswürdiger Scharfsinn die Regeln der Tonverteilung völlig sicher gestellt. Den Hauptton trägt die erste oder vielmehr (nach Scherers Verbesserung) die Stammsilbe, so innerlich wie äusserlich das Hauptgewicht des Wortes in sich bergend. Sie ist

zugleich bestimmend für die Stellung des nächsten Neben-
tons, den nach langer Stammsilbe die nächstfolgende, nach
kurzer Stammsilbe die zweitfolgende Silbe erhält. In gleicher
Weise bestimmt die Silbe, die den Nebenton trägt, ihrerseits
die Entfernung eines etwaigen dritten Accents u. s. w.

Diese Regel musste vor den neuesten Forschungen
unerklärlich erscheinen. Selbst der Scharfsinn Riegers, so
erprobt auf diesem Gebiet musste an der Ursache dieser
Accentverteilung, wenn auch nahe, vorbeistreifen, als er
für jeden Ton mehr als einen Zeitteil verlangte, den der
Ton nun, gewährt ihn keine lange Silbe, durch Pause oder
unbetonte folgende Silbe gewinne [Darstellung der mhd.
Verskunst, in Ploennies' Kudrun S. 256]. Es ist undenkbar
dass der Ton der einen Silbe den Beginn der nächsten
überdauern solle und dass also z. B. in *jégerè* der Ton
der Stammsilbe in der tonlosen Silbe ausklingen könnte.
Vielmehr hat erst Brücke's Untersuchung der physiologischen
Grundlagen der Verskunst die Regel verständlich gemacht.
Brücke zeigte, dass die Grundlage unserer ganzen rhythmischen Zeitmessung der Abstand von Arsis zu Arsis ist
[Physiolog. Grundlagen der nhd. Verskunst S. 22] und daher
denn das Bestimmende für unsern Rhythmus die Gleichheit
dieser Arsenabstände (a. a. O. S. 29). Wie erst durch
diese Entdeckung das bis dahin rätselhafte Wesen der
Positionslänge klar geworden ist [doch vgl. schon Westphal
Griech. Metrik 1 522], so zeigt sich nun dasselbe Princip
der gleichmässigen Taktverteilung schon im altdeutschen
Wortton. Eine lange Silbe hat annähernd denselben Taktwert
wie zwei kurze, wenigstens ist dies das einzige praktisch
verwendbare Verhältnis beider [Brücke S. 30 Westphal S. 527]
und somit ist in *külnegès* der Abstand der Arsengipfel etwa
derselbe wie in *windèrte*. Es enthält also jede erste, dritte,
fünfte More den Ton; sind aber zwei Moren in einer Silbe ver-
einigt, so trägt diese eben auch in sich Auf- und Absteigen
des Accents. — Die feineren Bestimmungen Brückes über
die Stellung des Arsengipfels, obwohl auch sie schwerlich
ohne Bedeutung für die Metrik, ja vielleicht sogar für die
Grammatik sind, muss ich hier ausser Acht lassen. —

Die Betonung der einzelnen Worte ist demnach eine in regelmässigem Wechsel absteigende. Es versteht sich von selbst, dass nicht ästhetische Rücksichten, sondern praktische, physiologische diese Regel veranlassen, die mit dem unausgesetzten Wechsel von Hebung und Senkung der Stimme dem Mechanismus des Sprechens entgegenkam. Eine schon bewusstere Regelung der Tonverteilung wird sich in der Ordnung der Worte zeigen, die der Willkür des Einzelnen ja in weit höherem Grade freigegeben ist als die der Silben. Freilich auch die Wortstellung ist nicht völlig frei und war sie es auch in älterer Zeit noch in höherem Grade als jetzt, so war sie doch auch schon damals von der beinah schrankenlosen Ungebundenheit der lateinischen Wortstellung weit entfernt. Aber diese feste Ordnung der Worte selbst, innerhalb deren namentlich die logisch minder wichtigen Worte sicher nicht bloss dem Princip der logischen Anordnung ihre Stelle verdanken, diese mehr und mehr in regelmässiger Gliederung sich festigende Ordnung wird für den Satzton uns das wichtigste Zeugnis sein.

Wie für das Wort die Silbe die geschlossene Einheit ist, so für den Satz das Wort. Denn eine willkürliche Anordnung hat auf jeden Fall Raum nur in der Wahl und Stellung der Wörter: Beschaffenheit und Ordnung der Silben ist damit von selbst gegeben. Da es unmöglich ist, dem Rhythmus zu Liebe etwa ein Präfix ans Ende des Wortes zu hängen, so muss der Sprechende eben das Wort, wie es ist, rhythmisch verwendbar zu machen suchen. Tieftonige und gänzlich tonlose Silben wird er völlig überhören müssen, während der Nebenton zusammengesetzter Worte allerdings eine gewisse Rolle spielen kann. Der Rhythmus der Prosarede beschränkt sich also auf die Verteilung der Hauptaccente. Sobald ein weiter gehendes Streben auch die in der gewöhnlichen Rede der Stammsilbe gegenüber verschwindenden Nebensilben zu regeln sucht oder den Zusammenstoss mehrerer Accentgrenzen aufhebend eine ganze Reihe von Worten mit gleichmässigem Wechsel von Hebung und Senkung versieht, haben wir jedenfalls schon wirklichen Rhythmus, bewusst geregelte, gebundene Rede; die

Sprache des Alltagslebens wie die höhere Prosa bleiben
bei dem Wort als ebenso unteilbarer wie selbständiger
Einheit stehen. Man wird sich demnach darauf beschränken
müssen, die Haupticten der Wörter ohne Acht auf ihre
etwaigen Nebenaccente zu vergleichen. —   ◟

In jedem Satz herrscht unzweifelhaft ein Wort, ist
also hochbetont; unter den andern Worten aber ist die
Tonstärke keineswegs eine gleichmässige, vielmehr stehen
neben schwächer als das regierende Wort betonten auch
noch fast gänzlich ohne Ton gesprochene Wörter. Den
drei Accentklassen der Silben entsprechend stellen sich so
drei Accentklassen der Wörter heraus: hochtonige einer-
seits, halbtonige und tonlose andererseits [K. F. Becker Aus-
führl. d. Gram. I 66]. Doch ist der grosse Unterschied zu
beachten, dass, während die Silben ihrer Unbeweglichkeit
wegen auch ihre Tonqualität nicht ändern können (es sei
denn in Folge von Syncope oder ähnlicher Veränderungen
des Silbencomplexes), die Worte jeder Art der Betonung
fähig sind. In der Regel zwar gehören Nomina und Verba
den beiden ersten Klassen an, Konjunctionen, Pronomina,
Artikelformen u. s. w. der dritten [zuverlässige Grundlagen
für eine allgemeine Bestimmung der Tonstärke dieser Wort-
kategorien bieten für alts. und as. Rieger Zs. f. d. Ph. VII 1 ff.,
Ries QF XLI, für ahd. Sobel QF XLVIII]. Aber sogar ein
fast stets enclitisch gebrauchtes Wort wie das schwache
„und" kann durch den Gegensatz den höchsten Ton erhalten,
während allerdings nur ganz ausnahmsweise starke Wörter
ihres Accents völlig verlustig gehen.

Was nun die Verteilung dieser Accentklassen im
Satz angeht, so war ja ursprünglich die allgemeine Be-
wegung des Satzaccents wahrscheinlich eine absteigende.
Die alte Wortfolge ist Object — Prädicat — Subject
[Scherer Zur Gesch. d. d. Spr. ² 481], wie schon Batteux
[Principes de la littérature V 323] vermutete, und so
steht ursprünglich überall das Wichtige voran [Ries a. a. O. 2
Anm.]. Aber dies Princip ist in der deutschen Wortstellung
keineswegs mehr das herrschende. Was das Motiv der
Änderung war, ist schwer zu begreifen [vgl. Scherer

a. a. O. 478]. Es mag bei der Festigung des deutschen
Accents auf die Stammsilbe das Bedürfnis entstanden sein,
der Monotonie ausschliesslich sinkender Tonbewegung ein
entgegengesetztes Princip entgegenzustellen, das den Worten
andere Scalen vorschrieb als den Silben; es mag, was mir
wahrscheinlicher vorkommt, zu einer Umstellung die Erfahrung
gezwungen haben, dass bei nur absteigender Betonung am
Satzende, wo die Stimme stets geneigt ist nachzulassen,
die Worte fast ganz verloren gehen, denen nicht aus ihrer
logischen Bedeutung neue Kraft erwächst — oder was auch
die Ursache war — genug, die deutsche Sprache hat den
Typus Subject — Prädicat — Objekt durchgeführt. Dennoch scheint es mir gewagt, mit Becker [a. a. O. II 429]
und Rieger [in Ploennies' Kudrun 247] die deutsche Satzbetonung schlechtweg eine aufsteigende zu nennen. Zwar
wenn Ries [a. a. O. S. 3] sie sogar geradezu eine absteigende
nennt, so halte ich dies für ganz irrig; ihn verführte der
Bau des Alliterationsverses, in dem die Wortbetonung über
die Satzbetonung den Sieg gewinnt, wie wir gleich versuchen
werden zu zeigen. Wenn Ries sagt: „Wäre die Satzbetonung nicht eine absteigende, so hätten niemals alliteri-
rende Verse gebaut werden können", so darf man mit
grösserem Recht erwidern: Wäre sie nicht eine aufsteigende,
so wären nie Verse mit Endreim möglich gewesen. In der
That ist der Uebergang von dem barytonischen zu dem oxy-
tonischen Reim bezeichnend für die Ersetzung der uralten
absteigenden Satzbetonung durch eine mehr und mehr aufsteigende. Aber weder war der Satzton zur Zeit des Heliand
noch rein sinkend, noch ist er jetzt rein steigend. Vielmehr
hat Ries selbst in seiner scharfsinnigen Arbeit zu der Frage
nach dem altdeutschen Satzton einen wichtigen Beitrag ge-
liefert durch das von ihm ausgesprochene Gesetz von der
aufsteigenden Betonung des Satzanfangs [a. a. O. 33.] Die
Sprache vermeidet es, die Sätze mit einem Hochton zu er-
öffnen [a. a. O. 34]; daher auch in der deutschen Poesie die
breite Ausdehnung des Auftakts. Andererseits aber besteht
unverändert jenes Trägheitsmoment, das die Stimme zum
Satzschluss sinken lässt und dass man das Gesetz von der

absteigenden Betonung des Satzschlusses nennen könnte.
Es bedarf das keiner Beweise; Jedermann weiss, dass bei
längeren Sätzen fast stets der Hörer den Schluss zu verstehen Mühe hat. Aber wieder Batteux hat dieser Beobachtung schon sehr richtig die Bemerkung beigefügt, dass unmittelbar vor dem Sinken der Stimme diese noch einmal
etwas erhoben würde, was er allerdings unrichtig auf die
letzte und vorletzte Silbe beschränkt [a. a. O. S. 392]. Im
Allgemeinen also steigt im deutschen Satz der Stimmton
bis zum Schluss, wo er mit einem schwachen Nachschlag
erlischt. Gerade aber wegen dieses Decrescendo werden
ans Ende der Sätze in der Regel nur verhältnismässig un-
bedeutende Satzteile, namentlich Hilfsverben gestellt, und
für die Tonwörter ist die Betonung allerdings entschieden
eine aufsteigende.

Für uns nun kommt es, wie schon gezeigt, nur auf
die Verteilung der Hauptaccente an (vgl. o. S. 23), deren
Träger, die für den Sinn des Satzes bedeutungsvollsten
Worte, die weniger wichtigen meist nahezu wie Enclitica
nachschleppen. Auch die Hauptieten selbst werden durch
specielle syntaktische und rhetorische Rücksichten oft in
den Dienst bestimmter Antithesen oder anderer Figuren gestellt und so der Ordnung entfremdet werden, die sie selbständig einnehmen würden. Besonders in zusammengesetzten
syntaktischen Gebilden werden mancherlei Rücksichten die
natürliche Anordnung kreuzen. Wir beschränken uns deshalb hier auf den einfachen Satz, der für die ältere Zeit
ja auch in der Dichtung nahezu ausschliesslich herrscht.
(„Die ältesten deutschen Minnelieder kennen beinahe keine
andere Satzfügung als die einfache Parataxe" Burdach
Reinmar und Walther S. 55).

Im einfachen Satz wird unter den betonten Worten
also in der Regel das meistbetonte am Schluss stehen, und
dies ist auch thatsächlich der Fall. So wenig aber die absteigende Betonung im Wort sich in der Weise regulirt,
dass von der Stammsilbe zur Schlusssilbe der Ton ununter-
brochen abnähme — wozu bei mehrsilbigen Worten Länge
aller Silben bis auf die letzte erforderlich wäre, die anceps

bliebe — so wenig steigt der Ton vom ersten bis zum
letzten Wort in die Höhe. Wir werden vielmehr erwarten
dürfen, dass dasselbe Princip vom Vergleich nicht der Zahl
der Accente, sondern ihres Gewichts, von der Gleichheit also
des Taktwerts der einzelnen Gruppen auch hier das rhythmische Bedürfnis befriedigen helfe.

Zwei Glieder hat auch der einfachste Satz: Subject
und Prädikat. Das Subjekt steht dem Prädikat im Allgemeinen voran. Treten nun aber noch andere Wörter
diesen unentbehrlichsten hinzu — wo sind sie unter-
zubringen? Die häufigsten Vermehrungen des einfachen
Satzes sind Artikel und Copula, beide tonlos; diese werden
proclitisch vor Subject und Prädicat gestellt. „Er siegt“
wird erweitert: „der Feind hat gesiegt“. Damit ist nun
die Kontinuität der Tonverstärkung unterbrochen, denn
„hat“ ist erheblich geringer betont als „Feind“: aus $\diagdown$ $\diagup$
(oder, wenn man die Zeichen wie bei der Silbenvergleichung
nicht auf Länge bezieht, sondern auf den Ton $\cup$ $-$) wird
$-$ $\grave{}$ $-$ $\acute{}$ ($\cup$ $-$ $\cup$ $\underline{\acute{}}$) Um den aufsteigenden Rhythmus zu
erkennen, muss man also die Gruppen vergleichen oder,
wie schon gesagt, die Haupticten. Indess nimmt man die
Gruppen so wie sie sich zunächst darbieten, so wären beide
im Taktwert nicht unerheblich verschieden, um so viel
nämlich, wie der Ton des höchstbetonten Worts den des
Nebentonwortes an Stärke übertrifft. Auch hier zöge also
eine äusserliche Gleichheit eine innerliche Ungleichheit nach
sich: die Stimme verweilt länger auf dem starkbetonten
Schlusswort und macht so den Abschnitt von dem ersten
Arsengipfel zum zweiten länger als der vom Beginn des
Satzes zum ersten Arsengipfel ist. Wir werden, da wir hier
ja immer nur annähernd rechnen können, den Unterschied
dem kleinsten der aus den drei Tonklassen abzuleitenden
Taktwerte gleichsetzen müssen; denn nehmen wir als Mass
den Wert eines unbetonten Worts, den eines Nebentonworts
als 2, eines Haupttonwortes als 3, so werden wir dem
Verhältnis jedenfalls näher kommen als mit jedem grössere
Differenzen setzenden Zahlenverhältnis. Somit wäre der
Taktwert beider Gruppen auszugleichen, indem man der

zweiten das tonlose Wort nimmt: das erste tonlose Wort muss dann aber seinerzeit der ersten Gruppe entzogen werden. Teilen wir nun ab: „Feind hat | gesiegt" ◡ ⁄ (− ◡ | −́) oder auch, mit rhythmisch gleichgiltigem Auftakt (den so zu behandeln der Bau der Sprachen selbst berechtigt: W. v. Humboldt Verschiedenheit d. menschlichen Sprachbaus her. v. A. F. Pott S. 139), „der ‖ Feind hat | gesiegt", so werden wir annähernd gleiche Gruppen haben : jede hat 3 Moren, dem Taktwert im Satze nach, wie das „Wellental" des einzelnen Worts 3 Moren nach dem Taktwert der Silben hat. Da aber das längere · Verweilen der Stimme auf dem Hochtonwort immerhin nur ein Nebenmoment des Hochtons ist, so bleibt das Prinzip der aufsteigenden Betonung im Satze von der Gleichheit der Gruppen so unberührt wie das der absteigenden Betonung im Worte von der der dortigen Arsenabstände. Dürfen wir wie allgemein üblich den Ausdruck „trochäisch", der trotzdem er nicht genau zutrifft sich als bequem empfiehlt, für das Verhältnis von Hebung und Senkung anwenden so müssten wir danach sagen: der einfache Satz in seiner normalen Gestalt stellt sich dar als eine katalektische trochäische Dipodie, deren zweiter Fuss durch den Ton seiner Arsis über den ersten Fuss mit weniger erhobener Arsis emporsteigt.

Sievers hat in seinen lehrreichen Bemerkungen über den Wort- und Satzaccent [Grundzüge der Phonetik [3] § 32 f.] von dem Wort als Einheit ganz abgesehen (während wir hier ein gewisses Absetzen am Wortschluss voraussetzen vgl. S. 22).[1] Aber auch bei seiner Zerlegung des Satzes in „phonetische Elemente" [a. a. O. S. 206] kommt er zu ganz ähnlichen Ergebnissen: „Die phonetischen Teile des Satzes", sagt er, „sind hier Gruppen von Silben, deren Anfang jedesmal durch eine 'betonte' d. h. hier stärker gesprochene Silbe

---

[1] „In der Rede ist ein flüchtiges, nur dem geübten Ohre merkbares, Innehalten der Stimme am Ende der Wörter, um die Elemente des Gedanken kenntlich zu machen, natürlich". W. v. Humboldt Verschiedenheit d. Sprachenbaus, her. von Pott S. 148.

markirt wird". Wenn nun nach der gewiss richtigen Ansicht
Pauls [bei O. Hoffmann Reimformeln im Westgermanischen
S. 9] diese Teile nach Gleichheit in ihrer Dauer zu streben
scheinen, so liegt am nächsten, dass diese „Sprechtakte"
die einfachste Form gleichmässiger Silbengruppen mit ab-
steigendem Ton erhalten, und das ist eben die der trochäischen Dipodie. Eben diese ist es denn auch, welche sorg-
fältige Beobachter als typisches Schema der häufigsten
Formeln d. h. fest gewordenen Satzteile erkannt haben
[O. Hoffmann a. a. O. S. 13 für ags., Joseph QF 54, 44 für
mhd. Formeln]. Und zwar überwiegt auch hier das katalektische Schema. —

Es versteht sich von selbst, dass eine genaue Durchführung solcher Gleichmässigkeit überhaupt nur selten er-
strebt, noch seltener erreicht wird. Noch schwieriger wird
dies bei verwickelten Satzformen. Dazu wird ein derartiges
Bestreben durch den irregulär gesetzten Redeton gehemmt;
ja einzelne Satzarten haben eine völlig abweichende „Satz-
melodie", besonders Frage und Aufforderung (vgl. z. B. Behaghel Die deutsche Sprache S. 145). Und weiter wird die
Gleichmässigkeit durch euphonische Rücksichten und nicht
zum wenigsten durch allerlei Gewohnheiten (stehende Wortfolge u. dgl.) mannichfach gekreuzt. Aber ich glaube doch,
dies Grundschema fast überall herauszuhören: der Satz wird
in Gruppen von etwa gleichem Taktwert (mit nicht ge-
rechnetem Auftakt, der zur Unterbringung besonders der
zahllosen Formwörter dient) eingeteilt und wie diese das
höher betonte Wort schliesst, steht wieder am Ende des
ganzen Satzes das höchst betonte Wort, doch öfters mit
tonlosem Nachschlag.

Als ungefähre Beispiele der Art, wie sich dies Schema
in der wirklichen Sprache abbildet, setze ich ein paar willkürlich herausgegriffene Prosastücke her:

Wessobrunner Glaube und Beichte I (Die Schriften
Notkers und seiner Schule her. v. P. Piper III 389):

Ih intsago mih demo tiufeli
ᴗ | ‿ ᴗ ᴗ ‿ |

unde allen sinen werchen

ᴗ | ᷄ ᴗ ᷄ ‖

.... (wie eben)

unde fergiho dir, trohtin got almahtiger,

ᴗ | ᷄ ᴗ ‖ ᷄ ᴗ ᷄

scalclichero gehorsami

ᴗ ᷄.

(Zieht man den eingeschobenen Vocativ heraus, so erhält man:

unde fergiho dir scalclichero gehorsami

ᴗ | ᷄ ᴗ ᴗ ᷄)

nah diu so du mih geuuerdest geuisen

ᴗ ᷄ ᴗ ᷄ ᴗ ‖ ᷄ ᷄

durh dina almahtigun gnada

ᴗ ᴗ | ᷄ ᷄

Physiologus MSD LXXXII:

Hier begin ih cinna reda umbe diu tier,

ᴗ ‖ ᷄ ᴗ ᴗ ᷄ ‖ ᴗ ᴗ ᷄,

uuaz siu gesliho bezehinen.

᷄ ᴗ ᷄ ‖ ᷄.

Leo bezehinet unserin trohtin   turih sine sterihchi,

᷄ ᴗ ᴗ ᷄ ‖   ᷄ ᴗ ᷄ ‖

unde bedio uuiret er ofto an heligero gescrifte genamit

ᴗ ᴗ | ᷄ ᴗ ᷄ ‖ ᴗ ᴗ | ᷄ ᷄ ‖.

Tannan sagita Jacob

᷄ ᴗ ᷄ ‖

to er namæta sinen sun Judam

ᴗ ᴗ ᷄ ᴗ ᴗ ᷄ ‖

Berthold von Regensburg her. v. Fr. Pfeiffer Wien 1862 I 1, 4 f.

Diu oberste wisheit,

ᴗ | ᷄ ᷄

die diu werlt ie gewan   oder iemer me gewinnen kan,

ᴗ ᴗ | ᷄ ᴗ ᷄   ᴗ | ᷄ ᴗ ᷄ ᴗ

daz ist diu wisheit,

ᴗ ᴗ | ᷄ ᷄

dà mite man die sele behüetet vor houbetsünden,

ᴗ ᷄ ᴗ ᴗ ᷄ ‖ ᷄ ᴗ —

der hât sie behalten vor dem tiuvel unde vor sinen listen,

‿ ◡ ‿ ‖ ◡ ◡ | ‿ ◡ ◡ ◡ ‿

wan die tiuvel hânt sô vil grôser liste,

◡ ◡ ‿ ◡ | ‿ ◡ ◡ ‿

daz er gar sælig ist der sich vor ir listen gehüeten kan ...

◡ ‿ ◡ ‿ ◡ ‖ ‿ ◡ | ◡ ◡ | ‿ ‿ ◡

M. Luther, Vorrede auf den Psalter 1531 [Martin Luther
als deutscher Klassiker. Frankfurt a. M. 1871. I S. 66]:
Es haben viel heiliger Väter den Psalter

◡ | ‿ ◡ ‿ ◡ ‖ ◡ ‿ ‖

sonderlich vor andern Büchern der Schrift gelobet und geliebet.

‿ ◡ ◡ ‿ ◡ ◡ ‖ ‿ ◡ ‿ .

Und zwar lobt das Werk seinen Meister selbst genug;

◡ ◡ | ‿ ◡ ‿ ‖ ◡ ‿ ‿ ◡

doch müssen wir unser Lob und Dank

◡ ◡ ‿ ‖ ◡ ‿ ◡ •

auch daran beweisen.

◡ ◡ ‿

Diese Schematisirung, die durchweg dem natürlichen
Tonfall der Rede folgt, zeigt uns überwiegend den Typus
‿ ◡ ‿ mit seinen Abweichungen, wie sie, wenn man der
metrischen Termini sich bedienen darf, mehrsilbiger Auftakt
und mehrsilbige Senkung bewirken; ebenso fehlt auch öfters
die Senkung, was dann, wie mehrsilbige Senkung auch, die
Glieder der Dipodie ungleich macht. Minimal ist dagegen
der Zuwachs den in einem mehrere Dipodien vereinigenden
Satze der letzten Arsis, dem eigentlichen Haupt-Satzwort,
zum Unterschiede von den vorhergehenden Haupticten zu-
wächst. Dennoch schien mir selbst auf diese kaum hörbare
Verstärkung Rücksicht genommen zu sein: selten schien in
solchen Fällen der erste Fuss der Dipodie über die Länge
von 3 (oft nur 2) Moren hinauszugehn. So ist dann also
innerhalb der Dipodie der Arsenabstand um ein Geringes
ungleich gemacht, aber dadurch der Abstand der Haupticten
des Gesammtsatzes gleichmässiger gestaltet. — Doch versteht es sich von selbst, dass meine Beobachtungen zu einem
Urteil hierüber in keiner Weise ausreichen. Dass aber der
Typus der trochäischen katalektischen Dipodie mit Erhöhung

der Stimme auf dem letzten Arsengipfel (wodurch der scheinbar katalektische Vers beim Sinken der Stimme denn thatsächlich akatalektisch wird) nicht nur selbst am häufigsten
erscheint, sondern auch für alle andern vorkommenden Gestalten die wahrscheinlichste Ableitung ergibt, werden, wie
ich glaube, so wie die hier gegebenen auch die meisten andern
Stichproben erweisen. Und da ein stark betontes Wort nicht
gut mehr als zwei tonlose beherrschen kann (vgl. Becker
a. a. O. I 70), wie im deutschen (oder griechischen) Wort
eine accentuirte Silbe nicht gut mehr als zwei unbetonte,
so ist bei einmal anerkanntem Princip der aufsteigenden
Betonung diese Gestalt auch die nächstliegende und natür-
lichste.

Will man nun aber etwa alle derartigen Versuche
als künstlich abweisen, weil die Sprache ausserhalb der
Poesie auf rhythmische Gliederung überhaupt keine Rücksicht nehme, so kann diese an sich höchst unwahrscheinliche
Meinung (vgl. z. B. Becker I 69) am besten der uns genauer
bekannte und so viel mehr geläufige Satzbau der nhd.
Sprache widerlegen. Doch ist von vornherein zu bemerken,
dass hier die Wägung der Wortgruppen eine andere ist.
Wie nämlich unsere Poesie die feinere Abmessung der
Arsenabstände, die unsere mhd. Dichtung so wohlklingend
macht, aufgegeben und regelmässigen Wechsel von Hebung
und Senkung durchgeführt hat (über Ausnahmen s. Rieger
a. a. O. 302), so hat auch die Prosa den Wechsel der betonten und unbetonten Worte zu einem continuirlichen gemacht. Es leuchtet ein, wie schon diese Analogie für die
Richtigkeit unserer Auffassung sprechen würde. Dieser Tendenz aber scheinen — so mächtig und unleugbar ist sie
— selbst allgemeine syntaktische Veränderungen zu dienen.
Konnte man früher sagen: „der vater guot", so stiessen zwei
betonte Worte zusammen; 'der gute Vater" ist ein accen-
tuirendes Wort von zweiwortigem Auftakt eingeleitet. Noch
deutlicher wenn die Volkssprache noch jetzt das Attribut
des Individuums (wie Becker sich vielleicht etwas zu philo-
sophisch ausdrückt, a. a. O. II 451) mit untergeordnetem
Ton vor das Beziehungswort stellt, die Schriftsprache es

dagegen mit dem Hauptton nachstellt „des baren worde"
ist ganz ein Satzkolon der alten Art: $\cup \mid \perp \perp \parallel$, dagegen „die
Worte des Bären" hat regelmässiges Auf- und Absteigen der
Stimme: $\cup \mid \perp \cup \perp$. In diesem Fall, wie man sieht, kommt
das der Gleichheit der Arsenabstände zu gut; in der Regel
aber wird dabei nur eine äuserliche und gröbere Gleichheit
mit einer inneren und feineren vertauscht. Man hat eben
für die nicht ganz stark hervortretenden Tonunterschiede
das Ohr nicht mehr, und so kommt es, dass selbst in
Liedern eine vom Dichter sorgfältig beabsichtigte Wirkung
durch Ausfüllen der Senkung verderben wird. Im sog. Daktylus haben wir das z. B. in dem Refrain des Heinischen
Lieds: *Du hast Diamanten und Perlen.* Es heisst dort:
Mein Liebchen was willst du mehr (ein Refrain, den Heine
wohl der Goethe'schen Übersetzung des italienischen *Dormi
que vuoi più* nachgebildet hat, welche seinerseits Georg
Herwegh parodirte). Gesungen und gar citirt wird aber
fast stets: *Mein Liebchen, was willst du noch mehr*, was
stilistisch wie euphonisch jenem Vers mit dem lang hinge-
zogenen „willst" nachsteht.

Um nun zu zeigen, wie nhd. jene mehr äusserliche
Gleichheit der Teile bewerkstelligt wird, nehmen wir irgend
einen einfachen Aussagesatz und legen den Ton auf dessen
verschiedene Worte. Dies kann selbstverständlich ohne
Veränderung seines Gefüges geschehen. In der Sprache
des gewöhnlichen Lebens und noch viel mehr natürlich in
der Prosa der Schriftsprache aber wird fast stets der Satz
darnach umgemodelt, um mit der Betonung des gewünschten
Worts einen leicht sprechbaren und gut klingenden Rhythmus
des Satzes zu vereinen.

Wir nehmen den einfachen Satz „der Feind hat gesiegt".
Natürliche Betonung ist $\cup \mid \perp \cup \perp$. Soll verächtlich der
Artikel (dann als schwaches Demonstrativpronomen) betont
werden, so wird der Satz bleiben; nur werden wir wahrscheinlich (nach dem Gesetz des aufsteigenden Satzanfangs)
dem nun hochtonigen Wort noch ein tonloses vorausschicken:
und dér Feind hat gesiegt!" $\cup \mid \perp \cup \cup \perp$. Der rhetorische
Accent hebt hier, wie gewöhnlich, die erste Satzhebung über

die zweite hinaus, weil diese ungewohnte Bewegung doppelt
ins Ohr fällt.

Der Ton unseres Satzes soll nun auf dem Hilfsverbum
liegen. 'Der Feind hát gesiegt' wird man schwerlich sagen;
vielmehr 'der Feind hát ja gesiegt' 'hát nun einmal gesiegt'.
Also statt ◡|⏒⏑⏒⏑◡ sagen wir ◡|⏒⏑⏒⏑◡‖⏒. Wir erreichen
dadurch zweierlei: es stehen nicht mehr zwei Tonwörter
nebeneinander, und das Verb, zur Tonlosigkeit zu schwer,
wird aus der Dipodie herausgedrängt, um selbst einen Ton
erhalten zu können. Die rhythmische Absicht der inhaltlich wenig bedeutenden Zusätze ist nicht zu verkennen.

Um das Verb hervorzuheben, wäre das einfachste
Inversion mit Redeton: 'Gesiégt hat der Feind.' Aber kein
Mensch spricht so. Höchstens in einer Gegenüberstellung
— mit schwebender Ausgleichung der Haupticten — wäre
das erträglich: 'Gesiégt ‖ hat der Feind, verlóren ‖ haben
wir.' Denn eine so stark absteigende Betonung, welche
die schon durch den Redeton gehobene erste Arsis noch
durch zwei Senkungen von der eigentlich tonberechtigten
Arsis trennt, widerspricht unserm rhythmischen Gefühl;
mindestens setzen wir dann die tonlosen Worte als Auftakt zu der zweiten Satzhebung. Viel gewöhnlicher indess
ist die Stellung: 'Der Feind hat wirklich gesiegt.' 'Der
Feind hat gesiégt.' als normale Betonung, würde das Prädikat nicht stark genug ins Ohr fallen lassen. Wenn wir nun
aber ein Wort einschieben, woran liegt es, dass dies uns
die Hervorhebung deutlicher macht? Nicht etwa an der
Bedeutung des Worts; man setze die allerschwächsten:
'Der Feind hat ja gesiégt' 'hat nun gesiégt' 'hat gewissermassen' 'hat eigentlich', 'hat fast gesiégt.' Jedes dieser
Worte, gänzlich tonlos und für den Satz fast bedeutungs-
los, macht uns die starke Accentuirung des Prädikats leichter.
Statt ◡|⏒◡⏒‖ sagen wir ◡|⏒◡◡⏒. Man wird beim
Sprechen leicht bemerken, dass das zweite tonlose Wort
nicht mehr Senkung zu der ersten Hebung ist, sondern
proklitisch zu der zweiten gehört. Ob wir das lange
'gewissermassen' oder das kurze 'fast' nehmen — immer
werden wir davor eine kleine Pause machen. Dasselbe, um

das hier nur nebenbei zu bemerken, mag bei der auf den
ersten Blick doppelten Senkung im Satz öfters der Fall sein.

Dass nun aber ein proclitisch gebrauchtes Wort das
ihm folgende Wort stärkt, beruht meiner Ansicht nach auf
der noch wenig beachteten Erscheinung der Accentübertragung. Ob sie ahd. mhd. schon vorhanden war, wie ich
glaube, darüber habe ich noch kein Urteil; nhd. scheint
sie mir sicher. Als Regel könnte man sie vielleicht so
formuliren: Kein Wort, das in der gewöhnlichen Sprache
einen Ton besitzt, kann denselben verlieren; wohl aber kann
es ihn zur Verstärkung auf ein unmittelbar daneben stehen-
des Wort übertragen. Gewissermassen also, si licet exem-
plis in parvis grandibus uti, ein 'Gesetz der Erhaltung der
Kraft' für den Wortton.

Am deutlichsten scheint es mir bei den mit Präpositionen
verschmolzenen Artikelformen. 'Am' 'beim' 'vom' 'zum' bringen
mit Notwendigkeit einen starken Accent auf das von ihnen
regierte Nomen. 'Vom guten Vater' wird man bei unbe-
fangenem Vortrag betonen ◡ — · ; man wird dagegen ˝von
guten Vätern' lesen ◡ ◡ —. Es liesse sich das wohl auch aus der
Schriftsprache nachweisen, obwohl viel dagegen gefehlt wird.
Grisebach sagt z. B. einmal 'An Humor fehlt es eben beim
gúten Chamisso'. Dadurch lenkt er die Aufmerksamkeit
jedes unbefangen Dahinlesenden auf die Herzensgüte des
französisch-deutschen Dichters in ganz anderer Weise als
er will; er meint 'bei dem guten Chámisso'. Das unter-
drückte 'dem' giebt seinen Ton an das folgende Wort ab. —
Ebenso in andern Fällen. Für mein Ohr mindestens klingt
in dem Satz, 'Hat er da gekämpft?' das Prädicat erheblich
stärker betont als in dem: 'Hat er schon gekämpft?' 'Schon'
hat hier noch einen Tonrest: es gehört als Senkung zur
ersten Arsis, denn wir machen beim Sprechen nach 'schon'
eine kleine Pause; 'da' ist proklitisch, fast, wie das ge-, Präfix
zum Verb. Doch kann man hier allerdings beim Sprechen
auch abteilen 'Hat er da ge-‖kämpft' und der Nachdruck
erklärte sich dann durch die grosse Zahl der Senkungen —
aber auch so durch Tonzuwachs aus unterdrückten Accenten.

Ich verzichte darauf, hier unsern Satz auch noch durch

die Frageform u. s. w. durchzuführen. Das Vorstehende
genügt wohl zum Beweis der rhythmischen Gliederung auch
unserer Alltagssprache. Und es genügt wohl auch, um das
Grundschema dieses Rhythmus festzustellen. Dies beruht,
wie wir sehen, auf zweiteiligen Gliedern, die (in der älteren
Zeit dem Taktwerte nach, in der jüngeren der Silbenzahl
nach), möglichst gleich sind und von denen das zweite höher
betont ist. Jedem derartigen Kolon kann ein besonders
frei behandelter Auftakt vorhergehen. Ein hochtoniges
Wort beherrscht nicht mehr als e i n (ihm vorangehendes)
nebentoniges, ein nebentoniges nicht mehr als z w e i (ihm
folgende) tonlose Wörter. Als Mittel, den Taktwert des
mit dem niedern Arsengipfel beginnenden Fusses der Dipodie
dem der zweiten anzunähern, sind die Senkungen in Gebrauch;
als Mittel, einen höheren Arsengipfel ganz besonders stark
hervortreten zu lassen, wird die Accentübertragung von
proclitisch verwandten Wörtern zu Hilfe genommen.

Besteht nun, wie wir glauben annehmen zu dürfen,
hierin das Wesen des rhythmischen Baus der deutschen
Prosa, so werden wir vermuten dürfen, dass dieselben
Gesetze in nur verfeinerter und verschärfter Form die
Poesie erfüllen. Freilich wird seit Herder oft behauptet,
die Poesie sei älter als die Prosa. Aber das gilt
doch nur in der Bedeutung, in der Schmeller mit seinem
stets gesunden Blick und immer treffenden Ausdruck sich
ausgesprochen hat: „In diesem Sinn (der naiveren Sprache)
hat es überall früher Poesie als das gegeben, was wir, a b -
g e s e h e n v o n ä u s s e r e r F o r m , Prosa nennen“ [Versbau
in d. allit. Poesie S. 208]. Abgesehen also von der äusseren
Form, denn in dieser Hinsicht ist die Poesie bloss norma-
lisirte Prosa. Sie verhält sich zu dieser, wie der Klang
zum Geräusch; und dass ihre wohlthuende Gesetzmässigkeit
da, wo die Prosa vom Zufall abhängt, jünger sein muss
mindestens als die Alltagssprache, in der von selbst hin
und wieder Stücke sich einfinden, die Vorbilder durchge-
führter Rhythmen werden — dass die Poesie in dieser Hinsicht nachglättet, was die Sprache selbst entworfen hat,
das dürfte schwerlich zu bezweifeln sein.

In der Tat, wenn ganz derselbe Typus der Accentverteilung, den wir im Wort fanden, auch für den Satz
gilt, einzig mit dem Unterschied, dass der höchste Accent
dort ɐm Anfang liegt, hier am Ende, so kann eine regelmässige Rhythmik eine andere Basis als diese ihr von der
Sprache gegebene nicht haben. Die Tonverhältnisse des
Worts sind der gegebene feste Stoff [Schleicher Deutsche
Sprache S. 319]; sie sind bezeichnet durch die Regel der
gleichen Arsenabstände: $\bot$ $\bot$ bez. $\bot$ ʋ ʋ̀. Dasselbe Bild
kehrt daher in den grösseren Sprachgliedern, im Satz wieder
als Rededipodie mit facultativem Vor- und Nachschlag:
$\bot$ ʋ $\bot$ bez. ʋ | $\bot$ ʋ $\bot$ | ʋ. Die häufigste Form aber in der ge-
regelten Sprache schien die der katalektischen trochäischen
Dipodie, d. h. um den Satz-Hochton voll ausklingen zu
lassen, verzichtet man auf den Nachschlag. Also sieht das
normale Satzbild mit aufsteigendem Satzanfang so aus:
(ʋ) $\bot$ (ʋ) $\bot$. Und das ist nun ohne Weiteres die Masseinheit
heit des altgermanischen Verses (vgl. Westphal Nhd. Metrik
S. XXIV).

Das heisst also: **wir erhalten als metrische
Einheit des deutschen Rhythmus, als Schlüssel
des deutschen Vers- und Strophenbaus die
trochäische Dipodie.**

Dies Resultat, zu welchem ich auf dem Wege der
oben dargelegten Schlussfolgerungen gelangt war, stimmt
nun völlig zu den schönen und wahrhaft befreienden Ent-
deckungen Sievers' über die Metrik der Alliterationspoesie
[zusammengefasst im Märzprogramm der Univ. Tübingen.
S.-Abdr. Halle 85]. Ich las diese Untersuchungen erst nach
Abschluss meiner Arbeit, nicht ohne die geheime Furcht,
Alles umgestürzt zu sehen, was ich für mich aufgebaut
hatte. Um so grösser war meine Freude, in den Grundtypen der rhythmischen Formen für die eddische Kurzzeile
[a. a. O. S. 8] Variationen der trochäischen Dipodie wiederzu-
finden. Unser Typus (ʋ) $\bot$ (ʋ) $\bot$ ist Sievers' Typus B. Auftakt und Nachschlag scheinen sich nun auszuweichen und
sich gegenseitig zu ersetzen: fehlt der Auftakt, so steht
mit Nachschlag $\bot$ (ʋ) $\bot$ ʋ, Typus A bei Sievers; stehen aber

beide, so tritt an die Stelle der vermittelnden Senkung eine schärfere Trennung durch „Arsen-Hiatus", wenn man so sagen dürfte: $\cup \perp \acute{\cup} \cup$, Typus C bei Sievers. Fehlen beide, so steht die trochäische katalektische Dipodie nur scheinbar allein; in Wirklichkeit tritt entweder Vorschlag (Typus D) oder Nachschlag (Typus E), um je eine More verstärkt, an die Dipodie.

Die weitere Entwicklung des Alliterationsverses haben wir natürlich hier nicht zu verfolgen, ebensowenig die Frage zu erörtern, ob dieser altgermanische Urvers wirklich schon ein Erbteil aus der Zeit der Sprachgemeinschaft ist (vgl. Westphals schöne Forschungen auf dem Gebiet der vergleichenden Metrik, Kuhns Ztschr. f. vgl. Sprachforschg. IX 437 f.) oder ob er sich aus den gemeinsamen idg. Accentverhältnissen überall unabhängig ausbilden musste. War wirklich schon idg. ein Vers von dem Schema . . . . | . $- \cup -$ überliefert, d. h. ein achtsilbiger Vers mit geregeltem Ausgang, so musste die Regelung dieses Ausgangs doch nach den verschiedenen Betonungsprincipien der einzelnen Sprachen verschieden sein. Bei Indern und Griechen siegt nach längerem Schwanken das quantitirende Princip [a. a. O. 443 vgl. Griech. Metrik·II 4 f. 19 f.], bei den Germanen das accentuirende [Theorie der nhd. Metrik XVIII f.]. Jenes lässt das Wort gegen den Satz zurücktreten — seine Wertverminderung geht so weit, dass der Versbau die Worteinheit zerreissen darf, die den Germanen unantastbar ist. Dieses legt auf das Wort das Hauptgewicht und zerstört durch das germanische Accentgesetz die Harmonie des Satzes, welcher bei den Griechen z. B. die Umwandlung des Acutus in den Gravis dient. Dem entsprechend entwickelt die germ. Poesie folgerichtig den Stabreimvers; dieser ordnet sich den Principien der absteigenden Wortbetonung unter, der Endreimvers dagegen denen der aufsteigenden Satzbetonung.

Als nun aber der Reim eingeführt oder, richtiger gesagt, als Bindemittel der Verse durchgeführt werden sollte, entstanden Schwierigkeiten. Jetzt ist starke Betonung gerade der letzten Silbe des Schlusswortes unentbehrlich und so fällt ein scharfer Accent oft auf eine eigentlich tonlose Silbe

(vgl. Lachmann Kl. Schriften I 262). Dies ist z. B.
Hildebr. 15 unzweifelhaft der Fall: *dat sagêtun mî ûserê
liuti*. Statt *liuti* wird man betonen müssen *liutí*. Aber
wenn dies auch eine Verzerrung des Wortbildes war, so
ward man doch mit dem höheren Hochton des letzten Wortes
dem Satzton dafür mehr gerecht, als beim Bau des Stabreimverses. Man kehrte eben zu dem ursprünglichsten
Rhythmus zurück und deshalb konnten Reste der ältesten
Form, die durch alle Entartung der Skaldenmetrik gedauert
haben mögen, Einfluss gewinnen, als eine Neuordnung der
Rhythmik nötig wurde. Bei Otfrid sind solche Reste des
alten vierhebigen (und zweistäbigen) Alliterationsverses allerdings ausser dem bekannten Vers 18, 9 nicht nachweisbar.
Aber Otfrid hat überhaupt wenig formelhafte Verse; ihm
hilft dafür über die Versnot der schrankenlose Gebrauch
von Flickwörtern besonders im Reim [Rechenberg Otfrids
Evangelienbuch S. 179; doch vgl. Erdmann in seiner Ausgabe S. LXXII]. Aber Ludwigslied 48 finden wir z. B.
als ersten Halbvers *Sang uuas gisungan* und im Beowulf (her. von Zupitza) V. 1160 als zweiten Halbvers *Leóð
wäs âsungen*, gewiss formelhaft. So rettet eine Formel in
das Reimgedicht hinein einen Stabreimvers von Sievers'
Typus A: ˙ × | ˙. × mit Auflösung der ersten Senkung. —
Jedenfalls aber könnte bei jener Grundform der Alliterationsvers unsere Behauptung nur bestätigen, das Schema des
Otfridischen Verses sei das der deutschen Sprache am
meisten gemässe.

Damit ist aber zugleich für eine ursprüngliche Cäsur
des vierhebig stumpfen Verses eine Wahrscheinlichkeit mehr
gewonnen. Die beiden Stäbe des alliterirenden ersten Halb-
verses können nur aus einer halbirenden Cäsur desselben
erklärt werden. Von vornherein also zerspalten die beiden
Accente den altgermanischen Viersilbler in zwei Hälften,
so dass bei dreistäbigem Reim der erste Halbvers in sich
das Verspaar abbildet. Die beiden tontragenden Worte
teilen den Vers in gleichen Teilen unter sich und der tonlose
Nachschlag bleibt ausser Berechnung — gerade wie bei den
Rededipodien. Und dass diese Teilung des Stabreimverses

auf den Endreimvers wirkte, werden wir als thatsächlich zu
erhärten versuchen.

Auf die Theorie der Cäsur (vgl. z. B. du Méril Essai
philosophique sur la versification 146 f.) habe ich hier nicht
einzugehen. Das Wichtigste scheint mir Folgendes. Die
Cäsur ist allerdings nur ein einzelner von mehreren Reihenschlüssen (vgl. Luciani Muelleri De re metrica l. VIII S. 177).
Aber sie ist dennoch von den übrigen Schlüssen rhythmischer
Reihen ebenso gut verschieden wie von jedem Abschnitt des
Sinns, dadurch nämlich, dass sie beide Eigenschaften ver-
einigt, wie sonst nur der Versschluss. Sie ist also derjenige
Absatz, welchen die ungezwungene Accentuation des Verses,
dem Sinn so gut wie dem Rhythmus gerecht werdend,
am nachdrücklichsten und als unentbehrlich hervortreten
lässt. Welcher das aber ist, wird in jeder Metrik von deren
Grundprincipien abhängen. So wird die antike Metrik, weil
wesentlich musikalisch, die Cäsur so einrichten, dass vor
allem auf ein wohlklingendes Verhältnis der Teilverse
gesehen wird [Luc. Mueller a. a. O. 180]; dagegen in der
deutschen Metrik, die im letzten Grunde auf dem Princip
der logischen Betonung beruht, wird dies auch die Hervorhebung der wichtigsten Stelle innerhalb des Verses regeln
[du Méril a. a. O. 156]. Als Normalform des deutschen Verses
fanden wir nun das Schema ⏑ _ ⏑ | ⏑ _. Es ergibt sich
daraus von selbst ein Abschnitt nach dem zweiten Takt.
Denn das, was die Cäsur eigentlich bedeutsam macht, ist,
dass die kleine Pause ganz von selbst dazu dient, dem
folgenden Ansatz der Stimme eine Verstärkung zukommen
zu lassen. So darf aber ohne Verzerrung nur eine accentuirte Silbe hervorgehoben werden und bei jenem Schema
bleibt somit eigentlich überhaupt nur zwischen der zweiten
und dritten Hebung die Wahl; die zweite aber ist nach dem
absteigenden Gang der deutschen Sprache meist minder
betont, und so wird die dritte gehoben. Wir finden nun
auch thatsächlich im vierhebigen Vers fast durchweg den
Abschnitt nach dem zweiten Taktschluss. Als Probe gebe
ich hier den Anfang von Otfrids Widmung an Salomon von
Konstanz:

Si sálida ‖ gi | múati ‖‖ Sálomones ‖ guati
ther biscof ist nu ‖ édiles , Kóstinzero ‖ sédales;
Allo gúati gidúe, ‖ thio sin, ‖' thio biscofa thar ,' hábetin,
ther ínan zithiu ‖ gi | ládota [?], in hoúbit sinaz zuívalta!
Líkza ih therera ‖ búachi ‖‖ im sentu in ,' Suábo richi,
thaz ir irkíaset ‖ ubarál '' , oba siu fráma wesan ‖ scal.

Ausser in 5b und 6b trifft die Cäsur hier ungezwungen
die Mitte des Verses. Fast stets ist die Silbe nach der
Cäsur von Otfrid durch Accent hervorgehoben; ausgenommen
sind 3a, wo dafür die Interpunktion eintritt, und 6a und b
Konsonantenconflicte auf der Cäsur: 1b s : g, 3b r : h (gestattet), 4b z : zw, 5b n : sw, 6b n : sc (ausserdem zwischen
den Halbversen 2 s : k). Nicht auf der Cäsur: 2b n : z (gestattet, ausserdem im Innern eines Wortes), 4b t : s (gestattet) und 1 : t (im Wortinnern).

Hier stünde danach die Cäsur überall fest, nur 4b und
5b vielleicht ausgenommen. Auch dort wäre die halbirende
Cäsur denkbar, da zw und sw wegen der halbvokalischen
Natur des w bei Otfrid noch kaum als Doppelkonsonanz
empfunden werden (n : s, n : z aber sind gestattet); scheint
es doch zuweilen selbst als gälten sc sp st noch (wie
beim Stabreim) für einfache Consonanten (z. B. III, XXII 4b
thia ih in hier nu '| *ságen scal*). Jedenfalls aber überwiegt
die Cäsur nach der zweiten Senkung (1b 2a und b 3a und b
4b 5a 6a), beziehungsweise nach der zweiten Hebung (1a
4a). Ohne Zweifel haben wir in diesem Aufbau, der die
letzten beiden Hebungen enger zusammenbindet, einen Grund
mehr für die Häufigkeit der stumpfen Doppelreime zu sehen.
— Wir haben in diesem Beispiel auch gleich zwei Fälle
des innern Auftakts: 1a *gi- muati* 4a *gi- ladota*. Gerade
das Präfix *gi-* steht sehr häufig in dieser Form, so dass
die Tonerhöhung durch die Cäsurpause erst der Stammsilbe
erwächst und natürlich nicht der proklitischen Vorsilbe.
Immerhin mildert diese gleichsam zwischen beiden Vers-
hälften schwebende Silbe die Schärfe des Einschnitts und
trotz der männlichen Cäsur machen diese Verse den Eindruck eines metrum connexum im antiken Sinne [Westphal
Metrik der Griechen II 181], während die später sehr häufige

stumpfe Cäsur ohne folgenden Auftakt, wo also die Senkung
auf der Cäsur fehlt, ein metrum asynartetum herstellt.

Dies Beispiel zeigt aber auch zugleich, dass bei Otfrid
die halbirende Cäsur noch nicht ganz fest ist, wenn nämlich
unsere Teilung richtig ist. Möglich wäre es ja, wie gezeigt,
die Cäsur nach der zweiten Senkung hier völlig durchzuführen. Aber wir sind bei Otfrid nicht berechtigt, sie zu
erzwingen. Denn während der altfrz. vierhebige Vers, wenn
er die halbirende Cäsur überhaupt je hatte, sie mehr und
mehr ablegt [Tobler a. a. O. 93—95], dringt sie umgekehrt
im deutschen Versbau erst allmählich durch. Denn der
frz. Satzton ist in noch viel höherem Grade als der deutsche
ein aufsteigender (vgl. Lubarsch Abriss der frz. Verslehre
S. 6) und er duldet eine Pause in seinem Anwachsen nicht
gern, ehe sie die Atemökonomie durchaus fordert, während
der ausgleichenden Neigung des Deutschen der sorgfältigere
Ausbau der Teile entspricht. Man könnte gleichsam auch
hier der centralisirenden Tendenz der Franzosen partiku-
laristische Interessen der Deutschen gegenüberstellen. —

Wir können es hier nicht gut vermeiden, auf unsern
heroischen Vers in seiner Behandlung auch ausserhalb der
ältesten Lyrik etwas einzugehn, obwohl dies den Rahmen
dieser Arbeit überschreitet. Aber die Entwicklung unseres
grundlegenden Verstypus ist zu wichtig, als dass der Versuch, seine Weiterentwicklung kurz zu skizziren, nicht gestattet sein sollte.

Ich stellte zur Vergleichung die Cäsuren fest in folgenden Gedichstücken: MSD X und von Otfrid Ad Ludovicum,
I 1, I 3, I 4, I 5 je die ersten 30 Verse. Die letzten Stücke
vertreten die verschiedenen Epochen in Otfrids Dichten,
wie Erdmann [in seiner Ausgabe S. 59, bes. S. LXV] sie
unterscheidet: I 4 gehört zu seinen ersten Versuchen, I 5
zu den in allmählicher Ausarbeitung entstandenen und zwar
zu den letzten darunter, I 3 zu den dann erst zur Abrundung
aufgenommenen Stücken, Ad Ludovicum zu den Anhängen
der Schlussredaction. I 1 reiht Erdmann nicht ein; das Gedicht von Christus und der Samariterin endlich war Otfrid
wohl schon bekannt [MSD² 296]. Sehen wir also von Ot-

frid I 1 ab, so hätten wir die Folge MSD X — O 1 4 — I 5 — I 3 — Ad. Lud.

In „Christus und die Samariterin" steht die Cäsur nach der ersten Hebung 6 mal (3a 6a 7a 16a 23b 26a), nach der ersten Senkung 24 mal, nach der zweiten Hebung 14 mal (1ab 4b 6b 10ab 13ab 16b 22a 24b 26a 29b 31a), nach der zweiten Senkung 10 mal (2a 3b 7b 8a 12a 14a 19a 22b 23b 27b), nach der dritten Hebung 3 mal (2b 15a 25b), nach der dritten Senkung 2 mal (18b 28b). Dreimal fehlt sie (17a 26b 30a). — Konsonantenconflicte von der Senkung auf die Hebung finden sich auf der Cäsur 21 mal, ausserhalb derselben zählte ich nur 13. Unzulässig sind davon z : k 7a, nt : w 8a, s : k 11b, st : s 12a, s : k 13a, und b, n : kw 14b, ns : th 16a, t : th 18a, t : d 19a und b, c : sc 28a, lt : f 28b, und in all diesen 13 Fällen tritt Cäsur ein. Dagegen bleiben drei Ausnahmen, wo die Cäsur nicht zwischen den zu trennenden Konsonanten steht: t : m 14a (*guot man*, gleichsam ein Compositum), n : pr 20a, st 27b. Auch die zweite Ausnahme liese sich wegschaffen, wenn man 20a Cäsur nach der zweiten Senkung und daneben überzähligen Auftakt annähme. Aber das ist doch bedenklich. Es bleiben also unter 3.62 Senkungen zwei wirkliche Ausnahmen, während die allgemeine Tendenz, Konsonanthäufungen möglichst durch Cäsur zu mildern, schon durch die absolut fast doppelt, relativ also viermal grössere Zahl von auch zulässigen Häufungen auf der Cäsur denen ausserhalb der Cäsur gegenüber ins hellste Licht gestellt wird. — In den beiden Fällen, wo auf der Hebung unzulässige Konsonantengruppen entstehen, tritt Cäsur ein: nt : f 2a, nt : k 31a.

Von Konsonantenzusammenstössen vom Auftakt aus notire ich z : f 1a, h : t 13a, t : s 16b, t : l 20b (sonst nicht gestattet, wie 13a auch), s : l 24a; von Hebung zu Hebung: st : s 19b. —

Otfrid I 1, 1—30 steht die Cäsur nach der ersten Hebung zweimal (3a 14b), nach der ersten Senkung 21 mal (1b 3b 4a 5b 6a 8a 12a 13ab 14a 17a 18ab 20b 22a 26ab 27a 29ab 30a), nach der zweiten Hebung 23 mal, nach der zweiten Senkung 10 mal (1a 2b 6b 11b 15b

16a 22b 24b 27b 30b), nach der dritten Hebung 1 mal
(5a), nach der dritten Senkung nie; sie fehlt dreimal (4b
16b 25a). Konsonantenhäufung auf der Senkung 20 mal
in der Cäsur, 14 mal auserhalb derselben. Unzulässige l : th
7a, nt : b 13b, nt : s 14a, t : th 18b, n : sl 19a, s : kl 20a,
nt : s 27a, n : th 28a, nt : s 29b, st : sc 30a, alle diese 10
Fälle auf der Cäsur, dazu kommen auf der Cäsur zwei Fälle
von auslautendem -t vor : 16a 26a. Drei unerlaubte Fälle
ausserhalb der Cäsur : t : th 19b (wo aber die trennende
Cäsur nicht unmöglich ist), nt : s 21b, z : k 28b. — Von
Konsonantenconflict auf der Hebung merke ich den schweren
Fall rn : r 28b an, von Hebung zu Hebung und natürlich
mit Vocallaut innerhalb der Doppelkonsonanz zu denken, so
dass dann Cäsur das n der Senkung von dem r der Hebung
scheidet. (Die Umstellung korn sinaz reinot würde zugleich
die Ausnahme von z : k auf der Senkung wegschaffen). —
Otfrid I 4, 1—30 : Cäsur nach der ersten Hebung
8 mal (2a 6b 7b 10b 11a 14a 24b 30a), nach der ersten
Senkung 17 mal (1ab 2b 4b 5b 9a 10a 15b 16ab 17b
19b 24a 26ab 29b 30b), nach der zweiten Hebung ebenfalls
17 mal (3a 5a 7a 8a 9b 12a 13b 15a 18a 19a 20ab 22b
23a 25b 28ab), nach der zweiten Senkung 13 mal (3b 4a
6a 11b 13a 14b 18b 21ab 22a 27ab 29a), nach der dritten
Hebung oder Senkung nie. Die Cäsur fehlt fünfmal (8b
12b 17a 23b 25a). — Konsonantenhäufung auf der Senkung :
10 in Cäsur, 6 ausserhalb der Cäsur. Unzulässige : n : th 4a,
t : f 6b, n : th 17b, n : sc 21b und 26b, t : th 28a, s : sc 30b,
alle 7 mit Cäsur; zweimal ohne dieselbe : s : k 1a und rqu
23a, dies aber im Wortinnern. — Vom Auftakt aus : r : sc
12a, s : l 15a, s : f 21b. Unzulässige Häufungen auf der
Hebung jedesmal mit Cäsur : ht : m 8a, oder von Hebung
zu Hebung : lt : qu 29a, oder beides : nd : b 29b. —
Otfrid I 5, 1—30 : Cäsur nach der ersten Hebung
4 mal (11b 15a 25b 30a), nach der ersten Senkung 24 mal,
nach der zweiten Hebung 16 mal (1ab 7a 8a 11a 12ab
16a 17a 18a 19b 20b 25a 26a 28b 29a), nach der zweiten
Senkung 10 mal (2b 3a 5b 6b 9b 14ab 19a 27a 30b),
nach der dritten Hebung nie, nach der dritten Senkung

zweimal (13b 28a). Die Cäsur fehlt 4 mal (1b 17b 23b 26b). — Konsonantenzusammenstoss auf der Senkung 16 mal auf der Cäsur, 7 mal ausserhalb derselben. Unzulässige Häufungen: n : ch 8b, n : sc 13b, d : sc 21b, r : th 22a, lt : b 23a, n : j 24a, t : g 29a, ng : th 29b, alle 8 auf der Cäsur, d : z 15a ausserhalb derselben. Vom Auftakt: r : sc 1a, s : k 28b. Schwerer Konsonantenconflict von Hebung zu Hebung mit Cäsur rk : w 11b (leichter und zulässiger z. B. lt : th 22b, wie bistu 28b). —

Otfrid I 3, 1—30: Cäsur nach der ersten Hebung achtmal (5b 8b 11b 16b 18a 21a 29b 30a), nach der ersten Senkung 17 mal (1ab 2a 5a 9b 11a 12a 13b 15a 20b 22a 23a 24a 26b 27a 28a 29a), nah der zweiten Hebung 14 mal (6b 7b 8a 9a 12b 13a 14a 17a 19a 20a 21b 22b 23b 27b), nach der zweiten Senkung 13 mal (3a 4a 6a 7a 10ab 14b 16a 18b 19b 25b 26a 30b), nach der dritten Hebung einmal (17b), nach der dritten Senkung zweimal (3b 15b). Die Cäsur fehlt 5 mal (2b 4b 24b 25a 28b). — Konsonantenzusammenstösse auf der Senkung: 18 mal in der Cäsur, 11 mal ausserhalb derselben. Unzulässige: nt : b 1a, nt : f 1b, lt : qu 3b, m : th 5a, t : n 14b, nt 15a, ng : th 20b, nt : th 22a, r : th 28a, alle 9 Fälle auf der Cäsur; ausserhalb derselben nt : s 3a, n : k 11a, nt 16a. — Vom Auftakt: ns : z 2a, z : kr 8b, n : f 16b, t : th 18a. Unzulässige Häufung auf der Hebung: st : s 8b, mit Cäsur; ferner mehrmals im Innern eines Worts, so lt : m 2b, lt : f 6a von Hebung zu Hebung. —

Otfrid Ad Ludovicum 1—30: Cäsur nach der ersten Hebung 4 mal (10a 11b 21b 22a), nach der ersten Senkung 9 mal (3b 4a 6a 8b 10b 12a 15b 26a 28b), nach der zweiten Hebung 16 mal (1a 4b 5b 7a 9ab 12b 13b 14ab 16b 17a 21a 23a 28a 29a), nach der zweiten Senkung 21 mal, nach der dritten Hebung zweimal (6b 19a), nach der dritten Senkung 4 mal (19b 24ab 27d). Die Cäsur fehlt 6 mal (3a 11a 13b 14a 20b 23b). — Konsonantenzusammenstösse auf der Senkung: 16 mal auf der Cäsur, 18 mal ausserhalb derselben. Unzulässige: lt 4b, n : th 6b, b : z 9b, nt : s 12a, l : Fr 13a, s : br 15a, rd 21a, n : th

24a ng 27b — alle 9 auf der Cäsur, ng : se 2b, st 13a
s : kr 22b ausserhalb derselben. Vom Auftakt: r : sn 1a,
s : w 1a, r : fr 3a, t : fr 6b, l : th 11b, t : g 23a, n : w
25a, n : r 27a, ng 27b, s : w 30a. — Auslautendes t der
Senkung vor Cäsur 3b 4a. —

Diese Beispiele stellen das Vorhandensein einer Cäsur
im vierhebig stumpfen Vers wohl sicher. Selten kann ein
Zweifel herrschen über die Stelle, an der man bei ungezwungener Recitation einhält. Ich hatte dieselben in den
sechs vorgeführten Stücken schon notirt, ehe ich die Regeln
für den Konsonantenconflict im Verse gefunden hatte, und
unter den 362 Halbversen waren nur 10—15, in denen ich
danach die Cäsur versetzte. Bei vielleicht ebenso vielen
mag auch noch eine andere Stellung möglich sein, hin und
wieder auch eine, die die Regel verletzt, den Vorzug ver-
dienen. Aber das scheint doch festzustehn : die natürliche
Ruhepause im Verse wird gern benutzt, um alle Konsonantengruppen, die sich an der Senkung aufsammeln, zu zerstreuen
(nur in der Widmung Ad Ludovicum ist der Konsonantenzusammenstoss ausserhalb der Senkung absolut häufiger
als auf der Senkung, relativ aber auch hier seltener), und
Konsonantengruppen, deren Aussprache den gleichmässigen
Fluss der Rede hemmen könnten, werden fast stets dahin
gestellt, wo so schon eine Pause eintritt. Unter den 60
Halbversen fanden wir durchschnittlich 2—3 Ausnahmen,
die nicht zu vermeidenden im Innern des Worts ungerechnet.
Ebenso fanden wir auch auf der Hebung die Cäsur zur Er-
leichterung schwieriger Gruppen benutzt, wo nicht der durch
keine Senkung ausgefüllte Raum von Hebung zu Hebung
zu deren Bewältigung Zeit lässt. Genauere Untersuchungen,
die zugleich einen grösseren Raum umspannen und auf
individuelle Abweichungen achten müssten, können über die
Ausnahmen vielleicht auch noch Erklärung bringen und
wenn meine Grundanschauung überhaupt berechtigt ist, so
verdiente die Cäsur des epischen und zunächst des Otfridischen
Verses wohl eine solche Durchforschung, die gelegentlich
auch der Kritik brauchbare Handhaben liefern könnte. Hier
genügt es wenn die Cäsur überhaupt erwiesen ist.

Unsere Proben zeigen freilich gleichzeitig, dass die
Cäsur bei Otfrid noch keineswegs auf einer bestimmten
Stelle ruht. Man müsste so gewaltsam vorgehn wie
Jonckbloet [Over middennederlandschen epischen Versbouw
S. 73] es tut, um überall die halbirende Pause durchzu-
setzen. Jonckbloet führt gleich als erstes Beispiel für die-
selbe an:

Das was die co | ninc tongemake,

ohne das Zerreissen eines Worts irgend zu motiviren oder
auch nur zu entschuldigen. Die natürliche Lesung ist hier
offenbar

Das was die coninc | tongemake,

und das stimmt auch zu unsern Regeln. Die Ausnahmen,
die er von der Cäsur nach der zweiten Senkung gestattet
[a. a. O. 74—75] sind lediglich durch die Silbenzahl der betreffenden Worte bedingt (1^0), oder führen in richtigerer
Weise einzelne Fälle an, die alle auf Pause nach Interpunktion herauslaufen (2^0—4^0). Seine Erörterungen konnten
daher die Cäsur des epischen Verses allerdings nicht völlig
sichern, wie Behaghel [Eneide CXVIII Anm.] mit Recht
bemerkt. Dass sie aber gar nicht zu weiteren Bemühungen
in dieser Richtung angeregt haben, bleibt zu bedauern. —
Die Stellung der Cäsur in den Stücken MSD X—OI
4, 1—30 — I 5, 1—30 — I 3, 1—30. — Ad Ludovicum
bewegt sich nach dem oben Beigebrachten wie folgt:

	MSD X	O 1,4	O 1,5	O 1,3	Ad Lud.
ohne Cäsur	3	5	4	5	4
Cäsur					
nach der I. Hebung	6	8	4	8	4
I. Senkung	24	17	24	16	9
II. Hebung	14	17	17	14	16
II. Senkung	10	13	10	13	21
III. Hebung	3	—	—	1	1
III. Senkung	2	—	1	2	4

Durchschnittlich also sind 4—5 Verse ohne Cäsur. Die
Hauptstellen für die Cäsur sind die nach der ersten Senkung,
zweiten Hebung und, anfangs noch seltener, zweiten Senkung.

Pausen nach der dritten Hebung oder Senkung sind sehr
selten.

Suchen wir nach einer Veränderung in bestimmter
Richtung, so sehen wir die drei ersten Stücke den beiden
letzten im allgemeinen gegenüberstehen. Die Cäsur nach
der zweiten Hebung und besonders nach der ersten Senkung
nimmt ab, die nach der zweiten Senkung zu. Die Widmung
an Ludwig zeigt in beiden Richtungen sehr bedeutende Veränderung den älteren Stücken gegenüber; in noch höherem
Grade sahen wir in der an Bischof Salomon (die Erdmann
zwischen 1, 3 und Ad Lud. setzt), die halbirende Cäsur
durchgeführt. — O I 1, mit 21 Cäsuren nach der ersten
Senkung, 23 nach der zweiten Hebung, dagegen nur 10 nach
der zweiten Senkung gehört deutlich in die erste Gruppe,
und scheint jünger als MSD X (was es ja auch sicher ist),
älter als 1, 5, etwa gleichzeitig also mit 1, 4 und zu Erd-
manns Gruppe A gehörig. —

Diese Bewegung der Cäsur vom Anfang nach der Mitte
zu ist nun aber sehr wichtig. Piper [Literaturgeschichte
und Grammatik S. 466] bemerkt sehr richtig, dass Otfrid in
seinen Vers die Stäbe der alliterirenden Dichtung über-
trug. Das erste Stabwort aber ist ursprünglich der Anfang
des Verses [Vetter Muspilli S. 36] und hat natürlich eine
Pause nach sich, die also bei der überwiegend grossen Zahl
zweisilbiger Stabwörter nach der ersten Senkung, bei drei-
silbigen aber nach der zweiten Hebung eintritt. Stabreim-
versen also wie etwa *liudo | barno lobon* (wobei die Mal-
füllung *barno* eigentlich nur ein Auftakt vor dem zweiten
Stabwort ist) oder *manega | nuaron* entsprechen Endreim-
verse wie *In dagon | eines kuninges* oder *òpphoron | er
scòltu.* Und von dieser naheliegenden Nachahmung des
Alliterationsverses sehen wir Otfrid sich allmählich mehr
und mehr frei machen und der halbirenden Cäsur sich
nähern, die wie dem natürlichen Fluss der Rede so dem
Bau des Reimverses am meisten entspricht, während der
Alliterationsvers seinem Ursprung gemäss auch hierin dem
Wortton mehr Rechnung trägt als dem Satzton.

Für die Stellung zwischen beiden Perioden, dem End-

reimvers unter dem Einfluss der Tradition des Stabreim
verses, und dem Endreimvers unter der Herrschaft seiner
eigenen natürlichen Betonung, ist auch die Accentverteilung
in den ältesten reimenden Gedichten bezeichnend. In den
besprochenen Proben ergeben sich folgende Betonung-
schemata: für den Halbvers mit Cäsur

nach der ersten Hebung: $\_́ \mid \cup - \cup \_́ \cup \_́$ 24 mal,
$\_́ \mid \cup \_́ \cup \_́ \cup -$ 8 mal

nach der ersten Senkung: $\_́ \cup \mid - \cup \_́ \cup \_́$ 82 mal,
$\_́ \cup \mid \_́ \cup - \cup \_́$ 15 mal

nach der zweiten Hebung: $\_́ \cup - \mid \cup \_́ \cup \_́$ 87 mal,
$- \cup \_́ \mid \cup \_́ \cup \_́$ 15 mal

nach der zweiten Senkung: $- \cup \_́ \cup \mid \_́ \cup \_́$ 72 mal,
$\_́ \cup - \cup \mid \_́ \cup \_́$ 4 mal

nach der dritten Hebung: $- \cup \_́ \cup - \mid \cup \_́$ 7 mal

nach der dritten Senkung: $- \cup \_́ \cup - \cup \mid \_́$ 10 mal.

Wir sehen hieraus: der bei weitem häufigste Typus
ist, dass je ein Hauptton auf die erste Hebung jedes Kolons
fällt. Wenn aber die Cäsur so liegt, dass drei Hebungen
demselben Kolon angehören (bei Cäsur nach erster Hebung
oder Senkung dem zweiten, bei Cäsur nach dritter Hebung
oder Senkung dem ersten), dann muss der Hauptton natur-
gemäss auf die zweite Arsis vorrücken, weil wie schon
anfangs erwähnt ein Hauptton nicht leicht mehr als eine
Dipodie beherrscht. Für die überwiegende Mehrzahl der
hier besprochenen Halbverse gilt sonach die Regel: in jedem
Kolon fällt der Hauptaccent auf die erste Hebung, die ihn
aufnehmen kann. — Diese Tonverteilung entspricht noch
ganz dem barytonirenden Princip der Alliterationspoesie.
Der geringere Hochton, der auf die reimende Schlusssilbe
stets fallen muss, spielt hier noch gar keine Rolle. Aber
wir finden daneben doch schon, wenn auch viel seltener,
Fälle, in denen er stark genug geworden ist, um den ersten
Hauptton im dreihebigen Kolon zurückzuwerfen. Wenn ge-
lesen wird $\_́ \cup \mid \_́ \cup - \cup \_́$ oder $\_́ \mid \cup \_́ \cup \_́ \cup -$, so ist
der Hochton auf der letzten oder (bei doppeltstumpfem
Reim) auf der vorletzten Hebung so kräftig, dass er sich der
Herrschaft des zweiten Hauptictus entzieht, der nun wieder auf

der ersten Hebung nach der Cäsur liegen kann. Bei den
beiden mittleren Cäsuren aber drängt das oxytonirende
Princip sich noch stärker hervor. Das zweite Kolon bleibt
unverändert, im ersten aber zieht sich der Accent völlig
von der ersten Hebung auf die letzte des Kolons und diese
Bewegung, bei der Cäsur nach der zweiten Hebung noch
selten, dominirt bei der nach der zweiten Senkung unbe-
stritten. So zeigt diese Normalcäsur des vierhebigen Reimverses von allem Anfang an ihre Macht: indem sie den
Vers in zwei gleiche Glieder spaltet, betont sie die Pause
am entschiedensten und lagert die Hauptaccente auf beide
Seiten ihres scharfen Einschnitts.

Dieselbe Tendenz zeigt endlich noch eine andere Erscheinung. Senkungen fehlen in den ältesten Gedichten ja
nicht selten und zwar ausserhalb der Cäsur hier noch öfter
als in der Pause. Relativ am häufigsten aber ist der letztere
Fall bei Cäsur nach zweiter Hebung; einzig das Gedicht
von Christus und der Samariterin lässt die Senkung bei
Cäsur nach erster Hebung dort noch öfter ausfallen. —

War diese eingehendere Betrachtung des vierhebig
stumpfen Verses in ältester Zeit nötig, um für seine Behandlung in der mhd. Lyrik die unentbehrlichen Voraussetzungen zu gewinnen, so können wir auf die Weiterentwicklung des epischen Verses doch nicht eingehen. Es
scheint, als wenn die volkstümlichen Gedichte, wie Nibe-
lungennot, Klage, Kudrun, Laurin, auch noch Eilharts
Tristrant die bewegliche Cäsur noch bewahren, während sie
schon in Veldeke: Eneit ziemlich fest nach der zweiten
Senkung eintritt und in den höfischen Gedichten der älteren
Zeit wie Iwein und Parcival dort ganz fest ist. Die streng-
höfischen Dichter treiben dasselbe Princip auf die Spitze,
indem sie durch zwei gleichberechtigte Haupticten den Vers
wirklich in zwei gleiche Hälften spalten, während bis
dahin doch von den beiden Hauptaccenten immer noch
einer zweifellos übergeordnet war und die Einheit der
Reihe dadurch festhielt. So schon Gottfried, weiter dann
Konrad von Würzburg, Wirnt u. A. Stücke wie Tristan
60—63:

ir alleze sûr, ir liebez leit,
ir herzeliep, ir senede nôt,
ir liebez leben, ir leiden tôt,
ir lieben tôt, ir leidez leben

oder wie Engelhard 270—73:

sô mac vil kûme ein edel man
wert gesin in kranker habe.
an hôher wirde gêt im abe,
swenne er geldes niht enhât

würde man in älteren Gedichten schwerlich auffinden. Wie
ihrem Inhalt diese antithetischen Spielereien, so ist ihrer
Form dieses genaue Aufwiegen jedes rhetorischen Accents
in einem Kolon durch einen andern an genau derselben
Stelle des andern Kolons fremd. — Indess bedürften diese
Andeutungen natürlich nachhaltigerer Fundamentirung. Auch
hierbei wieder kämen die Wechselbeziehungen zwischen mhd.
Lyrik und Epik zur Sprache, denn Hartmann z. B. baut
die vierhebigen Verse seiner Lieder kaum anders als die
seiner Epen. — Besondere Beachtung verdient, dass jenes
merkwürdige nur rhythmische Gedicht von Himmel und
Hölle (MSD XXX) trotz seiner Reimlosigkeit die Verse
ebenso zu teilen und zu betonen scheint wie Otfrid. —

Gehen wir nun zu den vierhebig stumpfen Versen der
ältesten mhd. Lieder über, so finden wir jene Entwicklung
von der beweglichen zu der in der Mitte des Verses fest-
liegenden Cäsur zwar fortgeschritten, aber noch nicht abgeschlossen. Es ist natürlich, dass innerhalb desselben Lieds
entsprechende Zeilen die Cäsur an derselben Stelle zeigen
müssen, da die musikalische Begleitung sonst hieran hätte
irre werden müssen; Durchcomponiren der Gedichte ist ja
viel jünger. Wo daher die Cäsur eines Verses mit der
eines ihm entsprechenden andern Verses nicht stimmte, habe
ich angenommen, die Pause sei hier nicht beabsichtigt. Um
so sicherer werden die andern Fälle sein.

Prüfen wir nun die ältesten Viertakter der mhd. Lyrik.
Wir nehmen als Paradigma die beiden alten Stücke 37, 4
und 37, 18. Durch Konsonantenhäufungen ist eine Cäsur
nach der ersten Senkung indicirt: — st 37, 10 und be-

sonders die schweren Fälle st : sw 37, 9 und nt : sch 37, 15
wären sonst unzulässig; dazu kommen hier die gestatteten
Häufungen r : v 37, 7, m : d 37, 11, r : s 37, 13, n : m 37, 14;
ferner auf dem inneren Auftakt n : fr 37, 4, r : l 37, 6, r : d
37, 11, n : l 37, 16. Die Cäsur an dieser Stelle ergiebt
überall eine ungezwungene Recitation; dass 37, 4. 11. 16,
wahrscheinlich auch 5—6 statt dessen die Pause nach der
ersten Hebung eintritt ist nichts auffallendes. Nur 37, 13
ist die Pause nach der zweiten Hebung geboten. Die Interpunktion 37, 8 stimmt. — Konsonantenzusammenstoss an
andern Stellen: r : h 37, 5, n : fl 37, 7, m : w 37, 10, n : l
37, 16 — seltener, und durchweg zulässig. — Die verlängerte
Schlusszeile ergiebt bei naturgemässer Recitation Pause nach
der dritten Senkung. Hier entstünde auch sonst unzulässige
Häufung r : tr; s : n, ausserhalb der Cäsur, ist erlaubt.

In 37, 18 ist die gleiche Cäsur dreimal durch Interpunktion bezeichnet: 37, 18. 23. 25. Konsonantenzusammenstoss auf der indicirten Cäsur: unzulässiger nc 37, 19,
st : d 37, 20, t : d 37, 23; zulässiger r : s 37, 18, ch : d
37, 27. Vom innern Auftakt r : l 37, 20, r : tr 37, 21. Auf
der Hebung unzulässige Häufung nc : m 37, 21 in der
Cäsur, aber auch lt : g 37, 23 ausserhalb derselben; die unzulässige Gruppe st : s 37, 26 steht von Hebung zu Hebung.
— Die Pause an dieser Stelle bietet sich überall von selbst
da; nur 37, 20 erscheint die Cäsur nach der zweiten Senkung
vielleicht ungezwungener. — Die Schlusszeile hat Interpunktion nach der zweiten Senkung. Die Gruppe ch : l
wäre zwar gestattet (wie r : m ausserhalb der Cäsur), aber
nur hier legt die natürliche Recitation eine Pause nahe.
Die Änderung in der Stellung der Cäsur muss der Schlusszeile natürlich ebenso gut gestattet sein, wie so häufig eine
Verlängerung.

Man ersieht wohl aus diesem Beispiel, wie leicht und
ungezwungen die Cäsur sich in diesen Gedichten durch-
führen lässt. Ich kann natürlich dieselben nicht alle in
derselben Weise hier durchnehmen und habe für die Konsonantenconflicte überhaupt nur MF I—V durchgeprüft
und sonst mich auf Stichproben beschränkt, die die aus

jenen Strophen gewonnenen und durch die Stücke aus Otfrid
bestätigten Regeln durchweg befestigten; dass Ausnahmen
vorkommen und Eigenheiten festgestellt werden müssten
habe ich schon bemerkt. Häufig sind, wie erwähnt, die
Ausnahmen in 3, 1: st: m 3, 1, -st 3, 6 in der Senkung,
also zweimal in sechs Versen. 6, 21 ist st: s wohl einer
jener Fälle, in denen eine stehende Formel (als eine solche
glaube ich diesen Vers an anderm Ort erwiesen zu haben)
eine ältere und noch nicht kunstgerecht ausgebildete Technik
bewahrt (vgl. o. S. 18). Für die letztere ist auch in der
nachweislich sehr alten Strophe 3, 12 ein Beweis in der
sehr harten Konsonantenhäufung ht: phl 3, 15 auf der
Senkung ausserhalb der Cäsur bewahrt.

Wenn aber in diesen Liedern die Cäsur auch schon
fest im Gedicht ist, d. h. immer an derselben Stelle des
Verses erscheint, ist diese Stelle selbst doch noch keineswegs überall die gleiche. In den Strophen von MF I — V
ergab sich: die Verszeile von vier Hebungen hat regelmässig
nach dem zweiten Takt einen Abschnitt in folgenden Liedern:
3, 1; 3, 7; 3, 12; 4, 1 (in der Reimzeile; die Waise ist hier
schon nahezu = 3 ⌣), 4, 13 (Reimzeile) 4, 35; 6, 5; 6, 14
(ausser in der Schlusszeile), Kür. 7, 19 (Schlusszeile), Meinloh erster Ton, zweiter Ton (Waise), dritter Ton (doch mit
einem Verstoss), Reg. 16, 1 (ebenso) und 16, 15 (die drei
ersten Reimzeilen), Riet. zweiter Ton (Reimzeile), dritter und
vierter Ton. Dies ist die überwiegende Mehrheit. Nach
der zweiten Hebung hat Meinlohs zweiter Ton den Abschnitt,
nach zweiter Hebung oder erster Senkung 6, 14 (in den
Schlusszeilen), nach der ersten Senkung 4, 1 (die Waise, fast
= 3 klingend) und 4, 13 (die Waise). Verwischt und un-
regelmässig ist die Cäsur in den Liedern 3, 17 Kür 7, 1
(Waise) Riet. erster Ton, Riet. vierter Ton (Waise).

Dass die Cäsur wirklich beabsichtigt ist, beweist schon
die Regelmässigkeit ihrer Durchführung in den meisten
Liedern wie auch die Durchführbarkeit unserer Regeln. Es
kommt noch ein Anderes hinzu. Becker [Altheimischer
Minnesang S. 50] hat ganz richtig beobachtet, dass die
Senkung in der Regel nur einmal ausfüllt; bei dreihebigem

Vers kann sie nach der ersten, bei vierhebigen Versen nach
der zweiten, bei fünfhebigen nur nach der dritten Hebung
ausfallen. Dies ist nun aber in der Regel die Stelle der
Cäsur. Wie der Vers 4 — (und 4 ◡) meist nach 2 ◡ den
Abschnitt hat, so 3 — nach 1 ◡ (3 ◡ allerdings stets nach
2 ◡) und 5 ◡ nach 3 ◡ (Reg. zweiter Ton 16, 15 die letzte
Waise). Die Senkung fehlt in der Cäsur 3, 7; 4, 2. 8. 10;
4, 19; 4, 36; 8, 11. 15; 12, 27; 13, 14; 14, 7; 11, 23. 26;
12, 4. 19; 13, 2. 21. 28. 32. 36; 14, 4. 22. 15. 17. 19. 31.
35; 16, 19; 17, 2; 18, 9. 17. Dabei kommen allerdings
nicht bloss Fälle wie: *mer | kaere, un | senftez, güet | lichen*
vor, sondern sogar Meinloh 15, 12 *mâ|ze*, Riet. 19, 9 *yol|de*,
Kür. 8, 32 *liu|ten* 9, 36 *dar|bende*; d. h. auch wo die Cäsur
verwischt wird, pflegt die Senkung grade an der traditio-
nellen Stelle zu fehlen. Viel seltener fehlt die Senkung
ausserhalb der Cäsur, am häufigsten bei Meinloh. Nun ist
klar, dass in einem Vers wie z. B. *Waer diu werlt | alliu
mîn ||* die Tonverstärkung nach der Cäsur besonders kräftig
ist; die Senkung durch Herabsinken des Tons von der
circumflectirten Silbe ist doch immerhin schwächer als die
durch eine minderbetonte Silbe gebildete; gewissermassen
wird auch hier eine Art Accentübertragung verwandt.

Endlich finden wir gelegentlich auch Cäsurreime wie
z. B. gleich 3, 1. Die Bewahrung der schon bei Otfrid er-
sichtlichen Regeln zeigt sich auch in dem Abschneiden der
Präfixe und Suffixe, die proklitisch als Auftakt zum zweiten
Kolon gehn; so in den Kürenbergliedern sehr oft *ye-*. Wo
einmal ausnahmsweise der Vers auch durch stärkere Interpunktion gespalten wird, geschieht es in der Regel ebenfalls
an dieser Stelle, so 6, 5; 16, 24 (nach der ersten Hebung
im dreihebigen Vers); anders z. B. 6, 19.

Aus all dem geht hervor: die Verse der ältesten Minne-
sänger haben meist eine feste Cäsur, und diese fällt für den
vierhebigen Vers bei ihnen meist ans Ende des zweiten
Takts, der nach dem ganzen Bau des deutschen Verses
hierfür die natürliche Stelle ist: der Vers scheidet sich in
seine beiden Dipodien. Dass diese Entwicklung sich schon
bei Otfrid vorbereitet, haben wir gesehen. —

Welche Wirkung hat dies nun in rhythmischer Hinsicht? Ohne Zweifel wird die Gleichabständigkeit der hochtonigen Versstellen hiervon berührt. Zwar wenn das Schema _́ u — u | _́ _ u _̣ unverändert bleibt, so dehnt die grössere Tonstärke der dritten Arsis die zweite Vershälfte nicht um einen merklicheren Zeitteil, als der ersten durch die geringe Cäsurpause erwächst. In den wie gezeigt sehr häufigen Fällen dagegen, in denen die letzte Senkung des ersten Kolons fehlt, wird das zweite hörbar stärker werden als das erste. Man vergleiche nur z. B. die beiden Verse *Waer diu werlt alliu mîn* und *Tougen minne diu ist guot*. Der logische Accent wie der rhythmische geben in MF 3, 12 jedem Kolon einen Hochton (*tougen, guot*) und einen Nebenton (*minne, diu*), in MF 3, 7 dagegen dem ersten Kolon zwei Nebentöne, oder höchstens einen Hochton (*wer.'t*), dem zweiten zwei Hochtöne (*alliu, mîn*). Das zweite Kolon wird zu schwer. Daher wird das Fehlen der Senkung auf der Cäsur, das dem naturgemässen Bau des deutschen Verses allerdings entspricht, bei zunehmender künstlerischer Feinheit mehr und mehr als unmusikalisch empfunden werden. Das Verlegen der nur inneren Senkung (wie man die Senkung durch Absteigen des Tons von der Arsis ohne Unterlage einer Thesissilbe nennen könnte) von der Cäsurstelle, wie schon Meinloh es zeigt, ist also, grade wie das spätere Ausfüllen aller Senkungen, ein Übergang vom logischen zum musikalischen Princip. Doch ist dies wieder ein Punkt, der noch genauerer Beobachtungen bedarf. —

Wir glauben die Natur des deutschen Normalverses in seinem Verhältnis zum Ganzen wie zu seinen Teilen hiermit für unsere Zwecke ausreichend besprochen zu haben. Die Aufzählung der einzelnen Cäsuren gehört in das System des Strophenbaus. Ehe wir aber zu diesem übergehen können, müssen wir die übrigen Einzelverse der mhd. Lyrik noch einer kurzen Betrachtung unterziehen. —

ANDERE VERSFORMEN.

Der vierhebig stumpfe Vers bildet die Grundlage für
alle mhd. Metrik in historischer wie in rein theoretischer
Hinsicht. Dies gilt so gar nicht bloss für die deutsche
Metrik, sondern wie es scheint für die arische Verskunst
überhaupt; die Strophen wenigstens, die Westphal [Kuhns
Zs. IX 437 f.] als indogermanisch zu erweisen suchte, haben
sämtlich wenn nicht den Dimeter so doch wenigstens die
Dipodie zur Grundlage. Ein Parallelismus zwischen Reihe
und Versfuss, der sich leicht verstehen lässt und Analogien
in Fülle gerade in der mhd. Metrik besitzt, scheint für den
Daktylus eine dreiteilige Verszeile vorzuschreiben, für den
Trochäus eine zweiteilige. Möglich sind selbstverständlich
daktylische Dimeter und Tetrameter, trochäische Trimeter
und Hexameter, und auch reichlich zu belegen; von vornherein gegeben aber waren sie schwerlich. Für unsere
germanische Metrik nun ist das Gesetz von der Einsilbig-
keit der Senkung allgemein angenommen und für die un-
geheure Mehrheit der ad. und mhd. Poesie ja auch durchaus sicher. Dass alle mhd. Daktylen wirklich Nachbildungen
der lat. oder rom. Dichtung seien, möchte ich für meine Person
nun allerdings keineswegs zugeben. Bei einem Wort mit kurzer
Stammsilbe war der Daktylus (allerdings in der Gestalt, in
der er überhaupt deutsch vorherrscht: 3 — 1 — 2 s MSD² 333)
so natürlich und fast unvermeidlich, dass er sich wohl
auch selbständig zu entwickeln vermochte. So kommt der
Daktylus denn auch in den naturwüchsigen Schnadahüpferln

der Baiern und Oesterreicher gar nicht selten vor, z. B. in
dem reizenden Liedchen:

> *Geh, du Schwarzaugeti,*
> *Gel, füer di tauget i,*
> *Gel, füer di war i recht,*
> *Wonn i di mecht!*

|Firmenich Germaniens Völkerstimmen II 722a|. Diesem
daktylischen Gang der Reihe entspräche dann die drei-
gliederige Form des Ljóþahátts. Doch auf jeden Fall hat
in der uns überkommenen ad. Dichtung der Versfuss mit
zwei Senkungen auf eine Hebung kaum eine nennenswerte
Bedeutung in der grossen Bewegung der mhd. Lyrik (doch
vgl. jetzt Weissenfels Der daktylische Rhythmus bei den
Minnesingern Halle 86); und so handelt es sich für die mhd.
Metrik denn in der That ausschliesslich um den vierhebig
stumpfen Vers mit seinen Entwicklungen. —

Die erste und bei weitem wichtigste Abart des Viertakters ist der Vers von drei Hebungen klingend. Dass er
aus dem Grundvers direkt und in historisch verfolgbarer
Weise hervorgeht ist allbekannt und bedarf keiner weiteren
Erörterung. Der doppeltstumpfe Reim, schon bei Otfrid so
häufig, wird in regelmässigem Wechsel mit dem einfach
stumpfen verwandt und mehr und mehr wird die Silbe, die
den Reim beginnt, als die eigentlich reimtragende empfunden [Scherer D. St. I 284]. Der dreihebig klingende
Vers ist also einfach ein vierhebig stumpfer mit abge-
schwächter Endung. Seine Verwendung ist denn auch mit
der des letzteren Verses anfänglich identisch und sie können
sich vertreten, nur natürlich nicht aufeinander reimen.

Eine viel geringere Bedeutung kommt der andern
Varietät des Normalverses zu, dem Vers 4 ◡. Auch sein
Ursprung aus dem stumpfen Dimeter steht fest, auch er
wechselt anfangs mit demselben [MSD ² 344. 423. 460],
wenn er auch nur auf seinesgleichen reimt [ebd. 390. 398].
Dieser Vers aber hat doch schon eine kunstmässige Entstehung: Scherer leitet ihn aus zweitönigem Melodieschluss
her [ebd. 344 vgl. 414] und so hätte die Musik ihn ge-
schaffen, nicht wie den Vers 3 ◡ die natürliche Entwick-

lung der Spruche und der Recitation. Er hat daher auch
nur geringe Bedeutung für den Strophenbau gewonnen.

Diese beiden Verse sind nun die einzigen Varietäten
des Verses von vier Hebungen stumpf. Denn da für die
deutsche Metrik die Thesis nur secundäre Bedeutung hat
und die Arsenabstände allein das entscheidende sind, muss
auf die Senkungen sich jede Änderung beschränken, die
den Kern unberührt lassen soll. Bei dem Vers 3 ᴗ ist
eigentlich gar nichts geändert; nur die Tonstärke der letzten
Hebung ist herabgegangen, aber in Volksliedern kommt
Vertauschung mit 4 — noch vielfach vor und in der Musik
derselben gilt nach wie vor klingender Ausgang zwei
Hebungen gleich [Böhme Altdeutsches Liederbuch S. XXVII].
Ebensowenig ändert eine überschüssige Senkung den Typus
wesentlich. Jede andere Umgestaltung aber müsste die
Hebungen, das feste Gerippp der mhd. Verse, angreifen.
Alle andern Verse sind daher abgeleitete:
verkürzte oder zusammengesetzte; verlängerte möchte ich
aus gleich zu besprechenden Gründen, wenn sie eben nicht
zusammengesetzte sind, nicht zugeben.

Diese Sonderstellung der Vollverse 3 — und 3 ᴗ 4 ᴗ
tritt auch in der Praxis deutlich hervor. Nicht nur werden
bloss sie stichisch verwandt, sondern sie sind überhaupt
wenigstens in der älteren Zeit, die einzigen Verse, welche
selbständig auftreten dürfen, während alle anderen Verse
von ihrer Umgebung bedingt sind. In MSD — um dies der
späteren Aufzählung vorauszuschicken — kommen selbständig vor 4 — unzählige Mal, 3 ᴗ z. B. im Arnsteiner
Marienleich in Strophen von 4. 3 ᴗ nicht weniger als 21 mal,
in Strophen von 6. 3 ᴗ 2 mal; 4 ᴗ im Tobiassegen 5—6
9.—10. Dagegen 3 — kommt nur vor 3 ᴗ, 2 ᴗ nur vor
3 ᴗ 3 — 2 ᴗ 2 —, 2 — nur nach 2 ᴗ vor. Alle diese Verse
sind also so zu sagen nur im status constructus zu belegen;
es sind Teilverse, die später allerdings zuweilen wie Vollverse behandelt werden.

Die sämtlichen andern Verse zerfallen,
wie schon erwähnt, in zwei Klassen: Teilverse und zusammengesetzte Verse, welche

letzteren natürlich eigentlich nur je zwei zu einer Einheit
verschmolzene Teilverse darstellen. —

Ich gehe hier wieder von MSD aus. Die überwiegende
Masse der ahd. und altmhd. Gedichte ist zwar in fort-
laufenden Viertaktern verfasst, so MSD X XI XIII—XVII
XXXI u. s. w. XL u. s. w. Sie zeigen den Vers 4 — in
verschiedener Entwicklung: X auf der ältesten Stufe, XI
schon mit festerer Cäsur, stumpf und doppeltstumpf im
Wechsel, XV schon fast klingende Verse neben den
stumpfen, die Cäsur (ausser 1 — in 4 b) schon fest nach der
zweiten Hebung (seltener nach der zweiten Senkung), u. s. w.
Aber alle diese Lieder haben nur Vollverse. Daneben aber
in den Leichen finden wir zahlreiche andere Versformen,
am reichhaltigsten in dem hochwichtigen Arnsteiner Marienleich, doch auch in den Sequenzen aus Muri und S. Lam-
brecht, auch in dem Milstätter Blutsegen. Und zwar treffen
wir mit Berücksichtigung der Cäsuren alle Gestalten von
2 — bis 4 ⌣ in Zusammensetzungen wie folgt:

$$4 ⌣ + 3 ⌣$$
$$4 \cdot\cdot + 4 ⌣ \quad 4 — + 4 — \quad 4 — + 3 ⌣ \quad 4 — + 3 —$$
$$3 ⌣ + 4 — \quad 3 ⌣ + 3 ⌣ \quad 3 ⌣ + 3 — \quad (3 ⌣ + 2 ⌣)$$
$$3 — + 3 ⌣$$
$$2 ⌣ + 3 ⌣ \quad 2 ⌣ + 3 — \quad 2 ⌣ + 2 ⌣ \quad 2 ⌣ + 2 —$$

Die drei ersten Kolumnen enden auf Vollverse, die
drei andern auf Teilverse.

Danach kommen in MSD vor I als zweite Glieder:

4 ⌣ nur nach 4 —

4 — nur nach Vollvers (4—3 ⌣)

3 ⌣ nach allen ersten Gliedern

3 — nach 4—3 ⌣ 2 ⌣ (Voll- und Halbvers)

2 ⌣ nur nach 2 ⌣

2 — nur nach 2 ⌣

3 ⌣ ist also allgemeines Nachglied, neben ihm die
Varietät 3 —, Dagegen 4 ⌣ 4 — vertragen als Vorglieder
nur Vollvers, 2 ⌣ 3 — nur Halbvers. (Eine Ausnahme scheint
XLII 1, wo man leicht 3 ⌣ + 2 ⌣ lesen möchte; aber *meres
sterne* ist wie *maris stella* XLI I gewiss als zu 3 ⌣ lesen, und
so wird auch die unzulässige Konsonantenhäufung beseitigt).

Man wird eine feste Regel unmöglich verkennen können: Vollvers steht nur nach Vollvers, Halbvers nur nach Halbvers — verkürzter Vers aber (3 — und besonders 3 ᴜ) nach allen Versgestalten. —

II. Es kommen vor als erste Glieder:

4 ᴜ nur vor 3 ᴜ
4 — vor 4 ᴜ 4 — 3 ᴜ 3 —
3 ᴜ vor 4 — 3 ᴜ 3 —
3 — nur vor 3 ᴜ
2 ᴜ vor 3 ᴜ 3 — 2 ᴜ 2 —

2 ᴜ ist allgemeines Vorglied, doch steht es vor dem Vollvers nur, wenn er zu 3 ᴜ geschwächt ist. Umgekehrt steht 4 — vor allen Versen ausser Halbversen. 3 ᴜ scheint überall möglich; 4 ᴜ 3 — stehen nur vor dem allgemeinen Nachglied. —

Fassen wir beides zusammen. Die beschränkteste Verwendbarkeit ist die von 4 ᴜ: es kommt zusammengesetzt nur in 4 — 4 ᴜ und 4 ᴜ 3 ᴜ vor d. h. mit allgemeinem Vor- oder Nachglied. Sonst entsprechen in den Bedingungen des Vorkommens sich 4 — und 3 ᴜ 3, ᴜ und 3 — als Vor- und Nachglied. Es fällt auf, dass die entsprechenden Nachglieder beidemal um eine More kürzer sind als die Vorglieder. Und ihre Kompositionen, 4 — + 3 ᴜ und 3 ᴜ + 3 —, sind wirklich in MSD wohl die häufigsten Formen. —

Auf Grund dieser Feststellungen werden wir folgende Grundlagen für ein System des mhd. Versbaus formuliren können: Dem Vollvers 4 — steht ein Halbvers 2 ᴜ zur Seite. Neben beiden stehen die Variationen 3 ᴜ bez. 2 —, die insofern noch schwanken, als sie bald den volleren Typus vertreten, bald wirklich als geschwächte Formen fungiren. Bei Zusammensetzungen übt der Vorvers einen Einfluss auf die Gestalt des Nachverses aus. Nur der Vollvers und der Halbvers dulden Voll- und Halbvers als Nachglieder (denn wo 3 ᴜ vor 4 — steht, ist es nur Variation von 4 — : 3 — + 4 — kommt nicht vor); aber nach dem Vollvers hat der Halbvers keinen Platz und umgekehrt.

Die geschwächte Form des Grundverses, 3 ᴜ, bildet sich zu einem selbständigen Typus heraus und entwickelt

daher die Spielart 3 — aus sich. Diese geschwächten Verse
vertreten den Vollvers, wo Vor- oder Nachglied ihn nicht
gestatten, d. h. nach und vor Halbvers. 3 ∪ fährt aber
gleichzeitig fort, den Vers 4 —, wo er gestattet ist, zu vertreten, während der nur geschwächt vorkommende Teilvers
3 — wie der Halbvers die Vertretung 3 ∪ nach sich fordert.
  Noch allgemeiner also : teilen wir die Verse ein in
Voll-, Mittel- und Halbverse, so kann jede Art mit ihres
gleichen gemischt werden, die Mittelverse auch mit Versen
der andern Klassen, nicht aber Voll- und Halbverse mit
einander.
  Wie ist das zu erklären? Einfach genug. Unsere
Übersicht auf S. 58 zeigt, dass bei den Kompositionen fast
allemal das erste Glied das grössere ist: 4 ∪ + 3 ∪, 4 — + 3 ∪,
4 — + 3 —, 3 ∪ + 3 —, 3 ∪ + 2 ∪, 2 ∪ + 2 —, darunter
die häufigsten Formen. Seltener sind beide Teile gleich :
4 — + 4 —, 3 ∪ + 3 ∪, 2 ∪ + 2 ∪; hierher gehören aber
auch die Formen 4 — + 4 ∪ und 3 ∪ + 4 —, denn
4 ∪ ist überhaupt nur Variation von 4 —, 3 ∪ erweist
sich hier als solche, weil 3 — + 4 — nicht vorkommt.
Kleiner aber ist das erste Glied nur bei geschwächtem
Vers in zweiter Hälfte: 3 — + 3 ∪, 2 ∪ + 3 ∪, 2 ∪ + 3 —.
Wir dürfen also sagen: bei der Kontraction zweier
Teilverse zu einem Verskompositum verkürzt
das erste Glied das zweite. Doch kann Vollvers
nach Vollvers stehen (natürlich, denn sie bilden dann ein
einfaches Verspaar ohne Reim). Ausnahmsweise bleibt
Halbvers nach Halbvers (wenn nämlich MSD XLI 38—39
wirklich als 2 ∪ + 2 ∪ aufzufassen ist).
  Wie entstehen also andere Versformen als 4 — 4 ∪ 3 ∪?
  Zunächst ausschliesslich durch Komposition. Es werden entweder diese Formen kombinirt, oder das erste Kolon
des durch echte Cäsur geteilten Viertakters 2 ∪ bez. 2 —
wird als Vorschlag gebraucht. Sobald diese Teilverse durch
einen Endreim und gemeinsamen Hauptaccent ein Ganzes
bilden, verkürzt der Vorschlag den Vollvers bis auf den Umfang des geschwächten Verses. Diese Versformen sind also
sämmtlich jünger als der Vollvers und sie kommen daher

in MSD überhaupt noch nicht selbständig vor, sondern nur in Kompositionen — 3 ᴗ in seiner ursprünglichen Function selbstverständlich ausgenommen. Der Vorgang selbst aber ist natürlich genug und findet seine Analogie in all jenen Wortzusammensetzungen, die unter dem Druck des Hochtons das nebentonige Kompositionsglied verstümmeln. Dass aber wirklich unsere Ableitung richtig ist und z. B. der scheinbar sechshebige Vers MSD XXXVIII 16 wirklich keine Dehnung ist, sondern eine Zusammensetzung $3 \, ᴗ + 3$ —, zeigt schon die in dieser Zeit sonst noch beispiellose Festigkeit der Cäsur. Nie lässt 6 — sich etwa $2 — + 4$ oder $4 — + 2$ — teilen, was von vorherein doch viel näher zu liegen scheint. Und die Mischungen der Verse wiederholen sich mit ähnlichen Verhältnissen in den Strophen. Ebenso bietet die mhd. Metrik die reichste Fülle von Bestätigungen unserer Auffassung. Sollte aber selbst — was ich durchaus nicht glaube — dies System der Ordnung ein künstliches sein, so lässt sich doch jedenfalls auf seiner Grundlage eine einstweilige Uebersicht der mhd. Strophenbaukunst ermöglichen, wie sie durchaus notwendig scheint; und so wird mein Versuch wenigstens als solcher vielleicht von Nutzen sein, sollte man ihn selbst seiner Principien wegen gänzlich verwerfen wollen. Die Anschauung von der unbegrenzten Dehnbarkeit der Verse aber, meine ich, muss man jedenfalls aufgeben. Für die Reihe darf man nicht zugeben, was nicht entweder die sprachliche Behandlung des Textes oder die musikalische der Begleitung erklärlich macht. Unter die erste Rubrik fallen Verkürzungen wie die von $4 —$ zu $3 \, ᴗ$; unter die letztere allerdings Verlängerungen wie die von $4 —$ zu $4 \, ᴗ$. Aber da wird eben das Feste im Vers, die Arsenabstände, nicht berührt. Ein musikalischer Überton wird artikulirt und in den Vers einbezogen, eine circumflectirte Silbe gleichsam diphthongirt — aber selbst das ist schon eine seltenere Erscheinung. Der allgemeine Gang ist bei der Strophik wie in der Sprache verkürzend; er verschleift und zerschlägt Endungen, unterdrückt Nebentöne, contrahirt Innenteile. Dehnung scheint über den Zusatz einer Senkung unzulässig, so lang noch naive Kunstübung

herrscht; überlegte Künstelei kann natürlich gegen den
Strom schwimmen. Und diese sammt Nachahmung roma-
nischer Muster tritt ja bald genug ein, am augenfälligsten
in den Reimkünsten. Bald bezeichnen denn auch Innenreime
die Nähte der Verscomposita, widersinnig, weil der Ver-
schmelzung entgegen. So schon in MSD XLII 23—26 29 —32
3 — a + 3 υ b. Es wird also gewissermassen die Innenwaise
des Verses eingereimt — ein Vorgang, den wieder die
Analogie mit dem gleichen Fortschritt in der Strophe ein-
leuchtend macht.

Zusammensetzung von mehr als zwei Zeilen kommen
hier noch nicht vor, wie auch (ausser eben MSD XLII a. a. O.
s. Anm.) nur paarige Reime. —

Wollte Jemand etwa die Behauptung aufstellen, der
Vers 2 υ sei der ursprüngliche, 4 — selbst nur eine Komposition mit Kürzung des zweiten Teils, so genügt der Hinweis auf die schwankende Cäsur wie auf die vergleichende
Metrik zur Widerlegung. Die trochäische Dipodie ist eben
nur Grundlage des Verses, aber selbst noch kein voller
Vers. Richtig ist aber allerdings, dass die Katalexe des
trochäischen Dimeters für jenes Princip ein erstes Beispiel
gewährt. Erst durch die Unterbrechung des Rhythmus
schmelzen die vereinigten Trochäen zu einer Einheit zusammen und insofern kürzt auch in 4 — statt 4 υ die Komposition das letzte Glied. In ganz derselben Weise bindet
die Cäsurpause die einzelnen Kola zusammen, so dass be-
greiflich wird, wie sie zu selbständigen Versen werden
konnten, vor allem das Kolon vor der halbirenden Cäsur,
identisch mit der Rededipodie. Bei dieser Bedeutung der
Cäsur ist denn das letzte und sicherste Argument für unsere
Anschauung dies, dass die in Zusammensetzung befindlichen
Teilverse in der älteren Zeit (später allerdings nicht immer)
die ihnen sonst eigene Cäsur bewahren. 3 υ hat auch nach
Vorgliedern die Normalcäsur nach zweiter Senkung. So
z. B. XXXVIII 18 *daz sunnen liet schînet durg mittlen daz
glas* Zwei unzulässige Konsonantenconflicte: t : d nach
schînet, rg : m nach *durg*; *liet : schînet* steht Hebung zu
Hebung. Naturgemässe Abteilung: *daz sunnen liet | schînet*

durg mittlen daz | glas. — 2 ᴜ und 2 — haben natürlich keine Cäsuren.

Sollte aber noch immer meine Auffassung der mhd. Versformen als zu künstlich der freilich einfacheren Annahme beliebiger Änderung gegenüber erscheinen, so sei darauf hingewiesen, dass ganz ähnliche Regeln in der klassischen Metrik in Kraft scheinen, wo die grössere Unzweideutigkeit der Reihen und Cäsuren sie noch anschaulicher macht. In den horazischen Strophen finden wir fast durchweg Auf- und Abgesang in regelmässigem Verhältnis, oft auch Dreiteiligkeit. Dem entspricht wieder die Verscomposition. Der innere Auftakt spielt auch hier eine bedeutende Rolle; die daktylische oder mehr noch anapästische Gestalt der Verse muss natürlich auch Auftakt aus zwei Kürzen zulassen.

Wir finden folgende Verstypen:

1) Vollverse 4 —: Asclepiadeum II—IV, Alcaicum, Hipponacteum — Pythiambicum I, Jambicum.

Spielarten: 4 ᴜ: Alcmanium.

3 ᴜ: Asclep. IV Sapphicum II.

2) Teilverse. Kurzvers 3 —: Archiloch. I.

Halbvers (Vorschlag) 2 ᴜ: Sapphicum I.

3) Zusammengesetzte Verse.

4 — + 3 ᴜ: Sapph. II	4 — + 3 —: Archiloch. II ·
3 — + ᴜ4 —: Archiloch. III	3 — + ᴜᴜ3ᴜ: Alcmanium Archiloch. I. II
3 — + 3 ᴜ: Pythiamb. I. II	3 — + 3 —: Asclep. II—IV
3 — + ᴜᴜ2 ᴜ: Sapph. I	ᴜ2ᴜ + 4 —: Archiloch. IV. Iamb.
2ᴜ + 4 —: Pythiamb. II.	2ᴜ + 3ᴜ: Hippon. Archiloch. IV.

2ᴜ + 3 —: Alcaicum

Als stumpf sind hier die katalektischen, als klingend die akatalektischen Masse bezeichnet. — Stichisch componirte Strophen sind hier nicht berücksichtigt.

Die Teilverse sind hier schon in einem späteren Stadium der Entwicklung als die mhd. in MSD, wo 3 —

und 2 ◡ noch nicht selbständig stehn. — Sonst aber ganz dieselben Schemata wie dort, nur öfter aufsteigende Komposition. Demzufolge ist denn meist der erste Teil verkürzt und zwar überwiegend zu 3 —; daneben sehr häufig der Vorschlag 2 ◡. Wieder schon spätere Entwicklung beweist die Verbindung von Voll- und Halbvers 2 ◡ + 4 —. Der Vollvers steht sonst unverkürzt nur noch nach dem allgemeinen Versglied 3 —. — Hier ist die Kontraction (durch scharfe Cäsuren, oft auch durch Mischung verschiedener Versfüsse) evident und von lediglich gedehnten Reihen kann nicht die Rede sein. —

Wie stellen sich zu unserer Meinung nun die ältesten Lieder der mhd. Lyriker?

Wir treffen anfangs 4 ◡ 4 — und 3 ◡ als alleinige selbständige Reihen und besonders im ausschliesslichen Besitz des Strophenkörpers, während früh verlängerte Schlusszeilen auftreten. (Ueber deren Entstehung und Bedeutung s. Scherer Denkm. ⁚ 310. D. St. I 284.) Hier also zuerst finden wir in MF andere als Vollverse.

Die verlängerten Schlusszeilen entsprechen durchaus diesen Voraussetzungen. Die Verszeile 4 ◡ zeigt sich übrigens der festen Cäsur nicht günstig: Rietenburgs erster, zweiter und besonders vierter Ton verwischen sie; das Lied 5, 16 zeigt seiner Daktylen wegen eigentümliche Verhältnisse. Dagegen wo Komposition vorliegt, so gleich in der Verszeile 5 —, da ist die Teilung ganz klar. Da die 'Cadenz' allezeit das festeste im Vers ist, darf man sich die Verlängerung natürlich nicht angehängt denken, sondern wie einen gedehnten und regulirten Auftakt vorgeschlagen. So 4, 12 ganz deutlich: *diu muoz mir al | ze sorgen ergân*: Vorschlag einer (hier des folgenden Auftakts wegen katalektischen) Dipodie vor einen Dreitakter. 4, 4 und 4, 8 will Scherer [D. St. II 442] auf vier Hebungen reduziren. Sonst aber stellen sich die Verse nach Lachmanns Schreibung analog: *nâ engilte ich | des ich nie genôz* und *daz ich ime | diu holdeste bin*. Einen Vers von fünf Hebungen klingend haben wir in der letzten Waise des zweiten Tons beim Regensburger. Man kann hier nur trennen 16, 21 *ezn heile mir* |

ein frowe mit ir | *minne* und genau entsprechend 17, 5 *von*
im ist | *ein alse unsenftez* | *scheiden*: Vorschlag einer kata-
lektischen Dipodie vor dreihebig klingenden Vers mit Auftakt und regelmässiger Cäsur, die das zweite Mal durch die
Konsonantenhäufung *z* : *sch* auf der Senkung vollends fest
gelegt ist. Dass allemal die erste Cäsur die schärfere ist,
das ist in diesen Fällen überall klar.

Vergleichen wir das Versgeschlecht der einzelnen Kola,
so sehen wir die Cäsurteile gern übereinstimmend enden: 4, 8
und 4, 12 beide Kola stumpf, 16, 21 und 17, 5 beide klingend;
nur 4, 4, in einem nicht ganz sichern Fall, endet das erste Kolon
akatalektisch, das zweite katalektisch. In der älteren Zeit
ist das häufigste, dass beide stumpf endigen, d. h. (wenn wir
uns der nur scheinbaren Katalexe des trochäischen Vier-
taktes erinnern), beide mit einer unvollständigen Senkung,
mit Vorliebe Liquida oder Nasalis nach langem Vocal.
Damit hängt wohl zusammen, dass der ältere Vers 3 ʋ, der
doch wie der Vers 4 – fast stets die Cäsur nach der
zweiten Senkung hat, im Gegensatz zum letzteren die
Senkung auf der Cäsur selten (wie 4, 19) fehlen lässt. Und
doch würde grade hier dies die Gleichheit der Kola be-
fördern, da die grössere Stärke der Hebung nach der Pause
die Abschwächung der letzten Hebung ausgleichen würde.
Also 4 — meist 2 — + 2 —, dagegen 3 ʋ meist 2 ʋ + 1 ʋ.
Hier läge denn ein ursprünglicher Unterschied vor zwischen
wirklichen Versteilen und Gliedern einer Verscomposition.
Die vorgeschlagenen Verse, wie die Zusatzverse erst vor
Schlusszeilen, dann vor beliebigen Zeilen es sind, haben
nämlich in der Regel abweichendes Versgeschlecht. Die
wirklich nur verlängerten Schlusszeilen sind ja auch älter
als der Beginn der Unterscheidung von stumpfen und klingenden Reimen, die Waisen aber nicht. Wir fanden als häufigste
Verszusammensetzungen 4 — + 3 ʋ, 3 ʋ + 3 — in MSD,
ferner 3 ʋ + 4 —, 2 ʋ + 3 —, 2 ʋ + 2 —, 3 — + 3 ʋ.
Sobald die Hauptcäsur an den Ausgang des Vorschlags auch
äusserlich merkbar rückt, haben wir die Waise.

Wir dürfen also einstweilen sagen: verlängerte und
componirte Reihe sind deutlich verschieden. Die

verlängerte Verszeile wird durch eine (meist an derselben
Stelle auftretende) Cäsur in zwei Teile von (wenigstens anfänglich, ehe alle Senkungen ausgefüllt werden) der Regel
nach gleichem Versgeschlecht, die zusammengesetzten
werden durch eine (ganz feste) Cäsur in zwei Glieder
von der Regel nach ungleichem Versgeschlecht gespalten.
Darum in allen Klassen Varietäten stumpf und klingend:
Vollvers 4 — und 4 ‿ 3 ‿, Mittelvers 3 ‿ und 3 ⌐, Vorschlag 2 ‿ und 2 ⌐. Nach stumpfem ersten Glied kann
freilich Auftakt des zweiten Teils diese Entsprechung
leicht verwischen, und im Versinnern ist das ja in der
Regel der Fall, ausserhalb des Verses nach Ausbildung
der förmlichen Waise sehr oft, während Auftakt nach
klingendem Vorglied, überschüssige Senkung also, ausschliesslich bei der Waise gestattet ist und für die Cäsur
von Behaghel [a. a. O.] gegen Jonckbloet sicher mit Recht
abgelehnt wird. Aber auch die spätere Ausbildung der mhd.
Lyrik zeigt noch, wie lange jene naturgemässe Entsprechung
[Scherer D. St. I 285, II 439 Zs. XVII 570] gefühlt wurde.
Allmählich freilich geht das Gefühl für die Zusammen-
gehörigkeit solcher Teile mehr und mehr verloren und es
werden die überlieferten Versmasse einfach wie fertige
Mosaikstücke auseinandergelegt, auch wenn sie nicht recht
ineinander eingreifen: den leeren Raum muss dann eben der
Leser durch Pausen ausfüllen. Grade so ist es ja auch
modernen Verskünstlern gegangen, so Klopstock in vielen
selbst componirten metrischen Strophen, so Immermann mit
seinen äusserlich so kunstvollen als innerlich sinnlosen Vers-
experimenten. Aber grade solche missglückte Conglomerate
sind ein neuer Beweis dafür, wie die Versformen sich be-
dingen und erst im wirklichen Leben, ich möchte sagen in
Kampf und Wettbewerbung ihre feste Gestalt und notwendige Form erhalten. Den wahren Künstler beengen
diese Schranken nicht, sondern leiten ihn auf der richtigen
Bahn; für ihn hat Platen die grossen Worte geschrieben:
'Notwendigkeit ist dein geheimes Weihgeschenk, o Genius'.
Die gegebenen Mittel wird er weise benutzen und nicht

seinen Witz darin üben, Neues und unerhört Unpassendes
zu schmieden.

Wir sind damit wieder bei der Frage nach der Varia-
bilität der rhythmischen Reihen angelangt und nachdem
wir deren verschiedene Änderungsarten aus praktischen
Gründen jedenfalls, doch nach meiner Ansicht auch aus
theoretischen scharf zu scheiden gesucht haben, sind wir
nun auf dem Punkte, in dieser Verschiedenheit die wesentliche Uebereinstimmung wieder auskernen zu müssen.

Wir setzten als die beiden Arten der Versänderung
auf rein organischem Wege, wenn man so sagen darf,
sprachliche und musikalische Beeinflussung, von denen die
eine meist als Verkürzung, die andere als Dehnung des
sprachlichen Substrats zu Tage trat. Dabei glaubten wir
beiden Bewegungen nur die Entfernung um eine Senkung
zugestehen zu dürfen. Wir nahmen ferner eine mehr künstliche Umgestaltung an durch Zusammensetzung von Teilversen, in denen aber doch wieder die organische Kürzung
eines Kompositionsteils durch Hochton des andern Geltung
gewann. Tritt nun in diesen verschiedenartigen Wegen der
Umformung des einfachen Urverses ein einzelnes Princip
erkennbar hervor, das alle Versänderung beherrscht?

Scherer hat den Faden, der aus dem Labyrinth mhd.
Strophenformen herausführt und die Wege zeigt, die hier
gebaut wurden, in seinen Untersuchungen zur mhd. Lyrik ·
an die Hand gegeben. Ihm verdanken wir die Erkenntnis,
dass die Geschichte der deutschen Strophenformen im
Wesentlichen sich deckt mit der Entwicklung der Waise
[Zs. XVIII 569]. Die Waise selbst leitete er aus der Verlängerung der Schlusszeile ab [D. St. I 284. Zs. a. a. O.] und
führte so die ganze formenreiche Ausbildung der mhd. Strophe
zurück auf ein ebenso einfaches als fruchtbares Princip. Man
darf auf diese bisher noch keineswegs genügend ausgebeutete
Grundlage für ein System der mhd. Strophik einen Kunstausdruck aus der Sprachvergleichung anwenden: nach Scherer
ist das Grundprinzip des mhd. Strophenbaus dasselbe wie das
der arischen Sprachen: die Agglutination. Denn was ist die

5*

Verlängerung der Schlusszeile anders als ein Suffix der
strophischen Gesamtreihe? Dem stofflichen Charakter des
Verscomplexes ist sie fremd, ein rein formeller Anhang ist sie
verschiedenartigen Strophen gemeinsam und bestimmend für
die Wandlung derselben. Die Wurzel *bhar* ist unschuldig
daran, dass grade -*mi* -*si* -*ti* an sie angehängt wird; aber
es steht nicht etwa in der Willkür des Sprechenden, was
er suffigiren will. Ganz in gleicher Weise scheinen mir jene
Funktionszeichen der Strophe weder eigentlich organisch noch
willkürlich zu sein. Weil diese gesungen wird, tritt die
Verlängerung der Schlusszeile ein, während die Verkürzung
im Innern aus der Aussprache hervorgeht. Was die ursprünglich formell gleichartigen Strophengebilde von einander
scheidet, ist eben diese Wirkung der Melodie, dies Zeichen
ihrer Anwendung.

Kann aber das Suffix wieder zum selbständigen Wort
anwachsen, die Verlängerung zur Waise? Grade diese Analogie lässt mich glauben, dass man von Scherers Darstellung
hier etwas abweichen müsse.

Die Suffixe sind nach der jetzt fast allgemein herrschenden Agglutinationstheorie ursprünglich enclitisch verwandte,
selbständige Gebilde, durch die Vernachlässigung ihres Tons
bis zur Unkenntlichkeit verstümmelt. Ganz ähnlich dachten
wir uns die Verkürzung der Vollverse, wo sie als zweite
Glieder fungiren, durch den Vorvers. Aber kann denn jene
uralte Verlängerung der Schlusszeile ein Rest alter Zusammensetzung sein, ist sie nicht vielmehr etwas principiell
Verschiedenes? Ich glaube, dass allerdings auch dies
Strophensuffix nur ein Rudiment aus der affigirenden Zeit
der Poesie ist, nur ein eingeschrumpftes enclitisches Nachglied. Ich habe an anderer Stelle die Entwicklung der
Poesie überhaupt nach den Perioden zu gliedern versucht,
die man der Sprachgeschichte anweist. Nun lässt der durch-
gängige Parallelismus in der Ausbildung des Ganzen und des
Teils auch für den Strophenbau mich das Gleiche versuchen.

In den Liedern der verschiedensten Völker, auch der
unentwickeltsten, treffen wir als wesentliches Kennzeichen
der Poesie die Wiederholung bestimmter Lautgruppen. Der

Kehrreim ist den Volksliedern aller Nationen gemein [Talvj
Versuch einer Charakteristik der Volkslieder S. 135 f F. Wolf
Über die Lais S. 18 ff] ob er nun eine blosse *jûwezunge*
ist, wie bei den Eskimos [Talvj S. 115], ob ein wirklicher
Kehrreim, wie er nach jedem Vers bei den Negern eintritt
[ebd. 87] — daher stammt wohl die Form des Ghasels —,
nach jeder Strophe bei den Ägyptern· [ebd. 94], nach un-
regelmässigen Abschnitten bei den Mongolen [ebd. 42]. Überall ist er die Beigabe des Chorus zum Vortrage des Vor-
sängers [vgl. z. B. bei den Afghanen 41, bei den Ashantees 87,
bei den Eskimos 115, auf den Faröer 191; mit Unrecht
bestreitet dies Geijer Über den Kehrreim in Mohnikes Alt-
schwedischen Balladen S. 300, doch vgl. 301 Anm]. Stellt
so für einen grösseren Complex von Strophen die Wiederholung des Kehrreims die Einheit her, so bezeichnet für
eine einzelne Strophe ein einmaliger deutlich sich abhebender
Anhang den Schluss. Oft ist es eine *jûwezunge* (vorzugsweise tonmalender oder tondeutender Art, worüber besonders
Wackernagel *Voces variae animantium*, Uhland Schr. ·V
198—99) und somit deutlich nur Functionszeichen, nur Arti-
kulation des Melodieschlusses beim Lied, der pausenfüllenden
Griffe in die Saite (oder sonstiger musikalischen Zwischen-
spiele), wo keine Melodie vorhanden war. Noch älter aber
ist vielleicht als Zeichen des Abschlusses die Reduplication
der Schlusszeile, wie sie zahllose Volkslieder aller Nationen
noch bewahren. Und hinter dieser Form endlich scheint als die
älteste und einfachste eine Singweise zu liegen, die gleichsam
die isolirende, flexionslose Epoche der Strophik vertritt: die
einförmige Wiederholung immer derselben Lautgruppen, wie
sie z. B. von melanesischen und australischen Stämmen noch
geübt werden soll [Burdach Zs. XXVII 349 Anm]. Wir
würden somit unsere Anschauung von der Entwicklung der
rhythmischen Gebilde dahin zusammenfassen können: die
Gleichmässigkeit wird zunächst einfach durch·Identität der
Teile erreicht; diese schiebt sich mehr und mehr an das
Ende (wie in der Reihe stets zuerst die Cadenz geregelt
und gefestigt wird, so im idg., so im ad. Vers) und bildet
hier einen festen Abschluss, den der Chor dem wechselnden

Vortrag des Einzelnen beifügt. Mehr und mehr werden diesem festen Bestandteil die veränderlichen angenähert, bis er sich als Schlusszeile der einzelnen Gruppen setzt. Nun werden diese selbst unter einander mehr angeglichen, zu wirklichen Strophen geformt; noch immer bleibt der Anhang Functionszeichen der Abschnitte. Endlich wird er ganz dem Strophenkörper assimilirt, so dass retrograde Angleichung der progressiven folgt, und ist zuletzt mit den Verszeilen gleichartig geworden. Die Entwicklung des Refrains also wäre die Geschichte der Strophe.

Wo die Epik nicht die Strophen aus der Lyrik über-nommen hat, ist sie von der rein stichischen Form oft bis zu der Bezeichnung der Abschnitte durch kürzere Anhänge fortgeschritten. Zwar die unvollendeten Verse der Aeneis werden mit Unrecht schon von alten Commentatoren so er-klärt [Teuffel Gesch. d. römischen Lit. 228, 4], aber gerade wie die mongolischen Gedichte [v. d. Gabelentz Zs. f. d. Kunde d. Morgenlands I 23, 25, 29, 31 u. s. w.] zeigen die altfr. Lais am Schluss kürzere Waisen [F. Wolf über die Lais Anm. 13 S. 190. Tobler Vom frz. Versbau S. 12]. Und diese enclitischen Anhänge machen die letzte Zeile vor ihnen natürlich zu einer verlängerten Schlusszeile.

Ich würde somit in letzter Linie alle Dehnung, ja alle Umgestaltung der Verse auf Kontraction von Reihen zu-rückführen. Ich sehe als die Kraft, die beide verschmelzt, den Hochton des stofflichen Teils dem formellen gegenüber an und sehe in der Dehnung der Schlusszeilen die letzte Verkümmerung, in welcher der Refrain, einst das eigentlich bestimmende Element der Dichtung, überhaupt noch zu er-kennen ist. —

Man wird in dieser Darstellung Manches sehr unwahr-scheinlich finden, so dass ich für den wahren Grundstock aller Strophik den Refrain halte, den man meist als nahezu überflüssigen Anhang anzusehen pflegt. Indessen wollte ich meine Ansicht doch nicht unterdrücken, weil sie meine Einteilung der mhd. Strophenformen motivirt und eine Prüfung vielleicht doch verdient. Das Wesentliche ist ja doch, wie man sieht, nur Entwicklung der Theorie, die

Scherer längst aufgestellt hat und die seitdem kaum je
Anfechtungen erfahren hat.

Denn wenn Scherer alle Änderungen aus der Verlängerung der Zeile herleitet, so wüsste ich auf die Frage,
was gedehnte und zusammengesetzte Reihen denn eigentlich innerlich unterscheide, auch nur zu antworten: die
grössere oder geringere Integrität des neu hinzutretenden
Gliedes. (Äussere Merkmale habe ich S. 66 angegeben.) Ein
grundsätzlicher Unterschied liegt so wenig vor wie zwischen
flexivischen Elementen und Teilen der Wortzusammensetzung
nach der Agglutinationstheorie vorhanden ist. Wenn Scherer
über die Entstehung der Waise sagt: „Die verlängerte Zeile
wurde durch Cäsur so geteilt, dass jede Hälfte dem regulären
Masse der viermal gehobenen Zeile gleich kam" [DSt I 284
vgl. Zs. XVII 569], so glaube ich allerdings, dass die Cäsur
nicht erst secundär ist, sondern direkt·Verspaare als Einheit genommen wurden mit Verlegung des Reims aus der
Cäsur ans Ende [J. Grimm Lat. Ged. d. X und XI Jrh.
S. XLI]. Hierbei wirkte denn das Vorbild älterer deutscher
überlanger Verse. Jene zusammengesetzten Reihen in MSD
nämlich sind ja verlängert dem Viertakter gegenüber nicht
durch das Funktionszeichen der Schlusszeile, sondern weil
sie lateinischen Versen nachgebildet und deren Melodien
untergelegt sind. Und doch verraten sich selbst diese Verse,
obschon von vornherein in höherem Grade einheitlich als die
jedenfalls in Kern und Verlängerung zerlegbaren Schlussverse,
trotzdem als zusammengesetzte: sie haben unbewegliche
Cäsur zwischen Vorder- und Nachglied, normale Cäsur im
grösseren Teil, bestimmte Bedingungen für das Verhältnis
der Glieder. Daher halte ich für wahrscheinlich, dass
eigentliche Dehnung über das Mass einer Senkung hinaus
so wenig zulässig war wie eigentliche Kürzung; vielmehr
trat dann gleich deutlich empfundene Kontraction ein mit
all den eben genannten Eigentümlichkeiten derselben. Wie
jede Dipodie einen Hauptaccent, scheint jeder Dimeter mir
einen versbeherrschenden Hauptictus zu verlangen und bei
weiterer Ausdehnung scheint ein neuer Ictus von gleicher
Kraft ein selbständigeres Glied abzusprengen. —

Wir scheiden also: Dehnung, nur von einer
Senkung; Vorschlag : 2 ⌣ bez. 2 —; endlich Waise,
zunächst in der Normalform des geschwächten
Vollverses : 3 ⌣ bez. 3 —.

Um für all dies nun aus der Zeit der reifen Kunst
ein charakteristisches Beispiel zu geben, wähle ich Reinmar 192, 25. Reinmar hat mit Vorliebe vierhebige Verse
an erster Stelle und bewahrt hier den alten Ausgangspunkt.
Aber kaum je trifft man sie bei ihm als zweite Verse.
Wohl hat er dort längere Reihen, aber es sind dann Vers-
combinationen. — So auch hier:

> *Dêst ein nôt | daz mich ein man*
> *vor al der werlte | twinget ‖ swes er wil*
> *sol ich des ich | niht enkan*
> *beginnen, daz ist | mir ein ‖ swærez spil.*
> *ich het ie vil | staeten muot,*
> *nû muoz ich leben | als ein wip*
> *diu minnet | und daz aber ‖ angestlichen tuot.*

192, 31 ist wohl statt *aber* (welches Wort in C fehlt) ein
Wort mit langer erster Silbe zu setzen.

Das Schema ist dreiteilig:

$$4 - a \qquad 3 ⌣ + 2 - b$$
$$4 - a \qquad 3 ⌣ + 2 - b$$
$$4 - c \; 4 - x \; 3 ⌣ + 3 - c.$$

Zu den Cäsuren: Konsonantenhäufungen auf der Senkung 192, 29 l : st auf der Cäsur, 192, 28 z : sp ohne dieselbe,
sonst sind sie überall sorgfältig vermieden. In der Schlusszeile ist die Cäsur, wie nicht selten, versetzt. — 192, 26
wird eine typische Formel angehängt, die sich schon als
solche deutlich abhebt.

Über das Verhältnis von Auf- und Abgesang ist erst
im nächsten Kapitel zu handeln. Es bestätigt durchweg
unsere Auffassung.

Die Vollverse stehen allein, Mittel- und Halbverse
stehen ihnen vermischt gegenüber. Bei diesen Kontractionen
mischt sich wieder stumpf und klingend. —

Ich habe damit die Grundlagen für die Beurteilung
der mhd. rhythmischen Reihen festzustellen gesucht, wie

sie in der ältesten noch fast ganz volkstümlichen Poesie erscheint und sich aus der Entstehung der deutschen Reimpoesie erklären lässt.

Auch hier hätten wieder Detailuntersuchungen einzusetzen und zu zeigen, wie die Kontraktion immer fester wird, wie durch Zurückziehen und Verwischen der Cäsur immer mehr der kontrahirte Vers als wirklich gedehnter Vers erscheint u. s. w. Für unsere Zwecke aber genügen einstweilen jene Regeln über Kontraktion, Verkürzung und Verlängerung der Verse. Wir müssen aus jenen drei Klassen, die wir fortan als Vollvers $(4 \cup 4 - 3 \cup)$, Mittelvers $(3 \cup 3 -)$, Vorschlag $(2 \cup 2 -)$ unterscheiden, und aus ihrem Zusammenstoss Regeln für die Zusammensetzung der Strophen zu finden suchen. Und die Zerlegung der Auf- und Abgesänge nach diesen Principien wird dies, wie ich hoffe, ermöglichen und damit für unsere Auffassung der mhd. Reihen Zeugnis ablegen. So wird sich auch in der Mehrzahl der Fälle für jeden einzelnen Vers seine Bauart und damit Stelle und Stärke seiner Cäsur allmählich bestimmen lassen und hierauf beruhend eine Scheidung von Innen- und Endreim möglich sein. Der Reim vor einem starken und notwendigen Abschnitt ist dann eben Endreim, der Reim vor einem schwachen, ob notwendigen oder zufälligen Abschnitt Binnenreim. Der sporadische Reim, der an der Stelle des Endreims, blos nicht überall durchgeführt erscheint, ist mit dem Binnenreim nicht zu verwechseln; vielmehr ist er als unregelmässige Form des Endreims aufzufassen.

Ich bemerke hier noch ausdrücklich, was sich für die ganze Arbeit versteht: ich halte die Ergebnisse derselben nicht für so sicher, wie ich sie der bequemeren Form wegen ausgesprochen habe. Aber es ist auch weniger Gewicht auf vorstehende theoretische Beweisführung zu legen als auf den folgenden Versuch einer praktischen Durchführung unserer Regeln; auch hier wird freilich genug zu verbessern sein. —

STROPHEN.

Die Betrachtung des ad. Versbaus auch der ältesten
Zeit bedarf zur vollständigen Würdigung desselben einer Vergleichung mit der kirchlichen Hymnenpoesie, deren starke
Einwirkung ja unzweifelhaft ist. Mit der lat. Dichtung
des Ma aber noch nicht genügend vertraut lasse ich die
Frage nach der Art und den Grenzen dieses Einflusses hier
gänzlich aus dem Spiel und versuche nur eine Ordnung des
gegebenen Materials, nicht dessen historische Ableitung im
Einzelnen. Dass die Form der Strophe selbst einer Herleitung von fremden Mustern so wenig bedarf als der Reim
entwickelten wir schon; einzelne Bildungen aber sind hier
wie dort unbezweifelte Nachahmungen. —

Die Reimzeilen treten schon bei Otfrid in Strophenform auf. Vier vierhebige Verszeilen, paarweise gereimt,
bilden zusammengehörige Strophen, die fast stets durch
die stärkere Interpunktion abgeschlossen werden. Sehr
deutlich werden sie auch in den akrostichischen Widmungen
zusammengefasst, ebenso in den Refrains des fünften Buchs,
wo wohl öfter zwei solcher Strophen sich bald geeinigt bald
getrennt finden, die einzelne Refrainstrophe aber unange-
tastet bleibt. Wir haben demnach als metrische Einheit
Otfrids das Schema der Strophe:

$$\text{±} \cup - \cup \mid \text{±} \cup \text{±} \quad \| \quad \text{±} \cup - \cup \mid \text{±} \cup \text{±}$$
$$\text{±} \cup - \cup \mid \text{±} \cup \text{±} \quad \| \quad \text{±} \cup - \cup \mid \text{±} \cup \text{±} \|\|$$

Mit dieser Form kehrte die deutsche Dichtung zu
einer uralten Strophenform in ähnlicher Weise zurück, wie
mit der einzelnen Reimzeile zu einer uralten Versform.

Denn ohne Zweifel vergleicht sich diese Gestalt der alt-
indischen und, wie Westphal gezeigt hat, altarischen des Anushṭubh, einer Form, welche von den alten Indern ebenfalls
episch (als çloka) verwandt wurde [Westphal Kuhns Ztschr.
IX 444]. Bartsch hat es sogar versucht, den epischen Ur-
vers über die Licenzen des Anushṭubh hinaus zu fixiren:
er definirt ihn als einen Vers von 8 Hebungen mit Cäsur
nach der dritten Hebung und fester Cadenz [Bartsch Der
saturnische Vers und die altdeutsche Langzeile 44 f.] —
Wie nun wieder die Alliteration den deutschen Strophenbau von diesen ältesten Pfaden fortgelockt hat, das können
wir hier nicht im Einzelnen verfolgen. Doch ist ein kurzer
Abriss der vermutlichen Entwicklung zur Begründung des
Folgenden nicht zu vermeiden.

Von den beiden Hauptformen der eddischen Poesie,
Kviþuháttr und Ljóþaháttr, hat man bald den erstern [z. B.
Lüning Edda S. 14] bald den letztern [z. B. du Méril
Histoire de la poésie scandinave S. 67, Simrock Edda
S. 349] für abgeleitet erklärt. Neuerdings pflegt man sie
— wohl mit besserem Recht — als gleich alt anzusehen.
Wenn man aber den Kviþuháttr als directe Fortsetzung
des idg. Anushṭubh, den Ljóþaháttr als unmittelbaren Erben
der idg. Gayatri ansieht, hat dies doch Bedenklichkeiten.
Mir scheint eine vermittelnde Auffassung wahrscheinlicher.

Oft findet sich nämlich eine Form, welche thatsächlich
beide Bildungen ausdrücken kann [Lüning a. a. O. Simrock
349]. Vielleicht ist diese zweideutige Form zuweilen nur
Fortsetzung einer ältesten Gestalt, aus der Ljóþaháttr sowohl als Kviþuháttr entsprangen. Denn überall bildet offenbar das Verspaar die älteste Art der Strophe. Diese Strophe
hebt sich aber nach unserer Vermutung überall erst gleichsam wie eine Insel aus dem Meer des Refrains empor, und
die ältesten Formen scheint dieser Meeresgürtel noch fest
zu umschliessen. So erhalten wir als denkbar einfachste
Form ein Verspaar mit Anhang, ein Verspaar mit verlängerter Schlusszeile. Dies ist dieselbe Form, die nach
F. Wolfs gelehrten Forschungen nahezu der gesamten mittel-
alterlichen Strophik als Grundlage gedient hat: die der versus

tripertiti caudati [F. Wolf Über die Lais 31]. Typisch
wiederkehrende Halbstrophen, bald im Kviþuháttr, bald
— und zwar dies natürlich häufiger — im Ljóþaháttr ver-
arbeitet, z. B. Hav. 10—11 [Edda her. von Hildebrand]
zeugen für diese Form. Eine getreue Nachbildung derselben in gereimter Dichtung haben wir in dem Bittgesang
an den heiligen Petrus [MSD IX] und ebenso aus späterer
Zeit z. B. in dem Lied *Jesu dulcis memoria* [Hoffmann von
Fallersleben Geschichte des Kirchenliedes N. 17]. Diese
Vertretungen verraten auch die ursprüngliche und lang bewahrte Natur der dritten Zeile: sie ist wirklich nur Anhang
zur zweiten oder noch genauer nur Functionszeichen des
Schlusses der paarigen Abschnitte, denn sie ist eben eigent-
lich nur der Refrain des Chors. In altn. Gedichten freilich
ist der Kehrreim an dieser Stelle selten als solcher zu er-
kennen; denn mit merkwürdiger Folgerichtigkeit hat die
Stabreimdichtung ihr barytonisches Princip bis nahezu zur
Vertilgung des Refrains einer grossen Begünstigung des
Antirefrains, d. h. der periodisch wiederkehrenden Strophen-
eingänge gegenüber durchgeführt. Aber in der nordischen
Volkspoesie hat der Refrain sich in alter Geltung behauptet.
Hier finden wir noch doppelten Kehrreim, also nicht bloss
am Schluss, sondern auch in der Mitte der Strophe kehren
die gleichen Zeilen wieder [Geijer Über den Kehrreim 295].
Es ist zu beachten, dass sich diese Kehrreime meist durch
einen andern Rhythmus vom Liedkörper abheben [ebd.
300], gerade wie die dritte Zeile des Ljóþahátts [Rask-
Mohnike Verslehre der Isländer 33]; ähnlich werden ja auch
Vers und Waise durch verschiedenes Versgeschlecht geschieden [oben S. 66].

Diese älteste Form steht nun einem halben Ljóþaháttr
schon sehr nahe. Sobald der Refrain inhaltlich seine Natur
ablegt, wird das Verspaar mit Anhang zur dreizeiligen Versgruppe mit Reim der Vorderzeilen. Dabei bleibt jene Abweichung des Rhythmus, weil sie ja nicht vom Inhalt der
dritten Zeile bedingt ist, sondern von musikalischen Rücksichten. Die circumflectirte Schlusszeile des Verspaars wird,
wie wir uns schon einmal ausdrückten, gleichsam diph-

thongirt und von dem Gipfel, zu dem die zweite Zeile aufsteigt, gleitet nun die dritte herab. — Aber die Assimilation kann noch stärker wirken. Das Verspaar bildet den Refrain — dessen Länge ja unbestimmt ist — zu einem zweiten Verspaar um: dann haben wir einen halben Kviþuháttr.

Solche Halbstrophen kommen in der Edda öfter vor und scheinen keineswegs immer unvollständig [z. B. Vol. 37, doch vgl. Müllenhoff Altertumskunde V 118 zu v. 21]; oft treten sie im Dialog selbständig auf [z. B. Þrymskr. 6, und oft im Harbardslied].

Aber all solchen Bildungen liegt die Verdoppelung nahe und gerade deswegen hat schon F. Wolf die beiden alten Strophenformen den versus tripertiti caudati verglichen [a. a. O. 40]. Denn mit der Verdoppelung jener Halbstrophen sind eben Ljóþaháttr und Kviþuháttr gegeben. Bei dem Ljóþaháttr war allerdings noch die Regel nötig, dass die dritten Zeilen in sich reimen, um ihre Selbständigkeit zu festigen; aber noch oft genug reimt in der Edda die dritte Zeile mit dem ersten Verspaar [Rask - Mohnike S. 34]. —

Sind diese Vermutungen richtig, was ja erst genauere Untersuchung ergeben müsste — für diesmal wollte ich auf diesem Nebenwege meiner Arbeit mich nicht zu lange verweilen — so wäre die gemeinsame Grundform der Alliterationsstrophen

$$a \ldots \mid a \ldots$$
$$x \ldots .$$

Eine Scheidung nach den Schicksalen des Anhangs macht aus diesem Grundschema zwei Typen, deren Abbilder wir in dem System des mhd. Versbaus treffen werden. Wir haben nämlich bei eingegliedertem Anhang der Schlusszeile:

1) $\bar{a}$. $(\bar{a})$. $\mid$ $\bar{a}$. x .

b . (b) . $\mid$ b . x . (halber Kviþuháttr),

und bei selbständigem Anhang der Schlusszeile:

2) $\bar{a}$ $(\bar{a})$ $\mid$ $\bar{a}$ x

b b (halber Ljóþaháttr). —

Man glaubt allgemein, die ältesten altnordischen Strophenformen als gemeingermanisch ansehen zu können und in der That dürften sie aus gemeinsamen Grundsätzen der Alliterationspoesie sich mit Notwendigkeit überall entwickelt haben.

Nun sahen wir schon, wie zu der einen Form sich die Reimdichtung stellt. Gewiss nicht ohne fremden Anstoss besonders durch die geistliche Poesie kehrt Otfrid zu den Grundlagen des Kviþuháttr zurück und bildet seine Reimstrophe:

$$— \dot{—} — a \mid — — — a$$
$$— — — b \mid — — — b,$$

wogegen die älteste Form des Kviþuháttr nach unsern Voraussetzungen, für sie auch noch die älteren Phasen der Vierhebigkeit und Zweistäbigkeit vorausgesetzt, so aussehen würde:

$$a — — \dot{—} \mid a — — —$$
$$b — — — \mid b — — —$$

Es war also nur eine Inversion nötig, um einen Alliterationsvers in einen Reimvers zu verwandeln, ja notwendig wie schon erwähnt war nicht einmal diese. Im Beowulf (her. v. Zupitza) V. 1160 finden wir wie schon angeführt, als zweiten Halbvers *Leod wäs ásungen*, und im Ludwigslied V. 48 als ersten Halbvers *Sang uuas gisungan*. Dies beruht eben darauf dass, wie wir ebenfalls schon hervorhoben, die metrische Einheit des deutschen Rhythmus die trochäische Dipodie (mit scheinbarer Katalexis) ist und der germanische Normalvers eine Zusammensetzung zweier solcher Dipodien:

$$— \cup — \cup \mid — \cup — — \cup — \cup \mid — \cup —$$

gleich — — | — a ‖ — — | — a, und ebenso
gleich a — | — — ‖ a — | — —

Wir dürfen daher, wie ich glaube, von dieser Masseinheit ohne dringenden Zwang nirgends abgehn. Und ich glaube, dass aller ältere Strophenbau auch der mhd. Zeit aus diesem Mass nach bestimmten Regeln erwächst, gerade wie alle Versformen aus dem vierhebig stumpfen Verse. —

Die Verszeile von vier Hebungen, stumpf und paarweise reimend, zwei Reimpaare zu einer Strophe vereint

— diese Strophenform Otfrids entspräche also innerhalb
der Endreimdichtung der ältesten Form des Kviþuhátts,
des zweiteiligen Strophentypus. —

Aber in der Alliterationspoesie fanden wir neben
diesem Strophentypus noch den dreiteiligen, die Form des
Ljóþahátts. Sie scheint für die Reimpoesie nicht ohne
Weiteres anwendbar, denn diese verlangt zunächst paarige
Verhältnisse. Dennoch finden wir auch im zwei- (bez. vier-)
teiligen Alliterationverse oft eine Pause nach der dritten
Halbzeile, ja wir dürfen einer solchen Einwirkung des Ljóþahátts für die Geschichte des Kviþuhátts vielleicht eine
gewisse Bedeutung zuschreiben. Innerhalb der Reimpoesie
aber scheint das Gleiche völlig verbürgt.

Betrachten wir jene höchst altertümlichen Gedichte,
die uns unter Dietmars Namen erhalten sind und über
welche Scherer [D. St. II 437—39] eingehend gehandelt hat.
Nicht ohne Erstaunen sehen wir hier beidemal einen scharfen
Abschnitt nach der dritten Zeile:

Ez stuont ein frouwe alleine, und warte uber heide,
und warte ir liebe.

So wê dir sumerwunne! daz vogelsanc ist verswunden:
als ist der linden ir loup.

Namentlich im zweiten Fall vermehrt die Alliteration
und der stumpfe Ausgang dem scheinbar klingenden gegenüber den Eindruck eines Ljóþaháttr-Anfangs.

Folgen wir weiter dem natürlichen Gang der Interpunktion, welcher bei den ältesten Gedichten am treusten
auch die innere Gliederung bezeichnet.

Der zunächst nur paarige Reim verlangt Abschluss
der dritten Zeile. Schöben wir etwa die beiden Gedicht-
anfänge zusammen und stellten für *liebe : loup* einen Reim
her, so hätten wir die später (und gar nhd.) allerdings sehr
häufige Reimgestaltung a a b a a b; aber der beginnende
Reim fordert sofortiges Folgen des Reimworts.

Nun in 37, 4 folgt einfach die notwendige Reimzeile.
Danach scharfer Abschnitt; dann zwei Reimpaare: eine
Otfridstrophe *bist : ist* || *walde : gevalle.* Aber dann aber-
mals die Pause nach dem dritten Vers:

alsô hân ouch ich getân: ich erkôs mir selbe man:
den welten miniu ougen.

Die dritte Zeile wieder einfach abgeschlossen. Endlich ein Reimpaar mit verlängerter Schlusszeile.

Anders ist die Behandlung 37, 18. Hier schliesst nicht eine einzelne Zeile ab, sondern es folgen zweimal Verspaare, in denen Interpunktion und Reimabteilung (ähnlich wie im Heliand) sich widerstreiten. Erst dann Abschluss, der sich durch seine Tautologie (37, 25 = 23—24) verrät. Wieder Abschnitt nach dem dritten Vers; Abschluss durch eine einfache Zeile.

Lassen wir einmal die Abschlusszeilen fort, so ergibt sich folgendes Schema:

$$37, 4 \quad a : a \qquad 37, 18 \quad a : a$$
$$b. \qquad\qquad b — c$$
$$c : c : c : c \qquad c — d$$
$$d : d \qquad\qquad c : c$$
$$e. \qquad\qquad f$$
$$f : f$$

Also in beiden Liedern Anfänge dreiteiliger Strophen, je zweimal, im ersten daneben eine reine zweiteilige Strophe und ein einfaches Verspaar, im zweiten Gedicht schon verwickeltere Verhältnisse.

Nun vergleichen wir jene andern alten Strophen MF 3, 7 und 3, 12. Die Interpunktion nach dem dritten Glied tritt besonders in 3, 12 scharf hervor, aber in beiden Gedichten verstärkt der Versbau den Abschnitt nach der dritten Zeile:

Wær diu werlt alliu min   von dem mere unz an den Rin,
des wolte ich mich darben.

Tougen minne diu ist guot, si kan geben hôhen muot,
der sol man sich rlizen.

Wie wird nun hier abgeschlossen? Auf eine ganz eigentümliche Art: sehen wir nur auf den Reim, so müssen wir sagen: durch einen Einzelvers; sehen wir auf die Zahl der Hebungen, so müssen wir sagen: durch ein Verspaar. Beides ist uns schon vorgekommen. Und in der That, vergleichen wir den Abschluss in 37, 18, so ist er rhythmisch mit diesem hier identisch:

járlanc mir truobent ouch | miniu trol stendeu ougen.
min trût, du solt gelouben | dich anderre wîbe.
daz diu künegin von Engellant | lœge an minen armen
swer mit triwen der niht phliget | dem sol man daz verwîzen.

Aber die Reimstellung in den Abschlüssen 3, 10 und 15
stimmt zu den Abschlüssen 37, 7 und 15.

Der Rhythmus von 3, 7 und 3, 12 wiederholt sich, nur
mit verändertem Reimgeschlecht, in einem von Neidharts
volkstümlichsten Reien: 3, 22. Jede dritte Zeile hat starke
Interpunktion. Diese letztere Erscheinung, den Strophen-
anfang *a a b* | also, finden wir in Neidharts volkstümlich
gehaltenen Gedichten noch oft, so 3, 1. 6, 1. 13, 8. 22, 38
und mit geringen Ausnahmen 8, 12. 21, 34. Ein innerer
Grund zu einer Zusammenfassung der drei ersten Zeilen
liegt bei den Reimpaaren nicht — wie beim Stabreim — vor.
Ich glaube deshalb, dass wir hier Einwirkung jener ältesten
dreigliedrigen Strophe (Reimpaar + Refrain) und seiner
Fortsetzung im Ljóþaháttr vermuten dürfen. Und ich glaube
ferner, dass jene kettenförmigen Abschluss-Zeilenpaare auf
die zu Waise + Reimzeile ausgedehnte Abschlusszeile am
Strophenschluss Einfluss hatten, ja dass diese gradezu ihrem
Muster die Entstehung verdankt.

Wir sehen also, dass die Verscomposition 4 — + 3 ᴜ
beziehungsweise 3 ᴜ + 4 — sich von selbst einstellen musste,
wenn man anfing doppeltstumpfe und einfach stumpfe Reime
abwechseln zu lassen, und dass schon vorher die Versverbindung 4 — + 4 — sich ganz von selbst herausbildete, wo
die alte ljóþaháttrartige Form noch nachwirkte. Wenn
also die Schlusszeile der Strophe das Funktionszeichen der
Dehnung erhalten sollte, bot sich diese Versverbindung
natürlich dar und sie ist in MF für die ältere Zeit daher
noch fast ausschliesslich in Gebrauch, während wir doch
Verscompositionen jedenfalls jüngeren Ursprungs schon in
MSD fanden. Auf das volkstümliche deutsche reimende Lied
musste wohl die Hauptform des lyrischen Alliterationsgedichts
stärker wirken, als auf die halbgelehrten Nachdichtungen
lateinischer Kirchengesänge. Aber die naheliegenden Vers-
kontraktionen, die der natürliche Fall der deutschen Sprache

in den Leich hineintrug, drängen bald genug auch hier an
und setzen sich in reicher Weiterentwicklung fort.

Mit diesem Pionier der mhd. Verskomposition, der
Reihe 4 — + 3 ʋ, ist nun aber zugleich auch schon der
Boden der mhd. Strophik beschritten. Die Form von 3,
7. 12 ist, wenn man die Reime als klingende ansieht,
bereits die einer der verbreitetsten unter allen volkstümlichen Strophenformen, wenn nicht der allerverbreitetsten:
der Moroltstrophe [D. St. I 284], später auch als Storte-
beker- oder Lindenschmid-Strophe bekannt [vgl. Böhme
Altdeutsches Liederbuch S. 462 und bes. 463. 807. Seyd
Beitrag zur Charakteristik und Würdigung deutscher
Strophen S. 56 f.]. Grade wegen dieser starken Verbreitung (fanden wir sie doch auch schon in dem durchaus
volkstümlichen Liede Neidharts 3, 22) wird die Strophe uns
als Musterbeispiel des mhd. Strophenbaus dienen können.
Was machte sie so beliebt? Die zahlreichen ihr nahestehen-
den Strophenformen, von denen Scherer [D. St. I 284] die
wichtigsten bespricht um ihr Verhältnis zu dem gemeinsamen Grundtypus zu erläutern, unterscheiden sich von ihr
der überwiegenden Mehrzahl nach durch ungleichen Abgesang
bei gleichem Aufgesang. Der erstere lautet 4 — a 4 — a
3 ʋ b, der letztere 3 + x ʋ b [Scherer ebd.] oder, nach
unserer Auffassung, x + 3 ʋ b. Wir lernen hieraus dreier-
lei: erstens, dass gleicher Aufgesang verschiedenartigen Abgesang zulässt; zweitens, dass dieser Aufgesang 4 — 4 — 3 ʋ
in der volkstümlichen Dichtung einer ganz besonders allgemeinen Beliebtheit sich erfreut; drittens dass unter den
darauf errichteten Abgesängen 4 — 3 ʋ den Volksdichtern
wieder besonders zugesagt haben muss. Diese beiden
letzteren Sätze haben wir historisch schon zu erklären versucht, indem wir in dem Aufgesang die Nachwirkung einer
älteren Strophenform sahen und in dem Abgesang die durch
dieselbe nahe gelegte Verschlusszeile. Scheinbar einfacher
wäre es, den Aufgesang noch als ursprünglich selbständige
Form zu fassen: 4 — als erste Verszeile, 4 — + 3 ʋ
als verlängerte zweite. Aber ein Abschnitt nach der
ersten Zeile ist selten, und das Anwachsen einer zweiten

verlängerten Schlusszeile schwer zu erklären. Dazu spricht vor allem noch der Cäsurreim gegen diese Herleitung, denn diesen können wir für die ältere Zeit nur ganz vereinzelt belegen, nicht als festes strophenbildendes Element. Bei unserer Auffassung einer Einwirkung des Ljóþaháttts auf das Gedicht in Verspaaren macht all dies keine Schwierigkeit. — Aber die Verbreitung dieser Strophe muss doch noch einen innern Grund haben, der nur in dem Verhältnis zwischen Auf- und Abgesang zu finden sein kann.

Die Ausdrücke Auf - und Abgesang selbst setzen in deren Scheidepunkt einen Gipfel voraus, der die Strophe in einen auf- und einen absteigenden Teil trennt, wie wir einen solchen Gipfel vor dem Anhang der Schlusszeile in der ursprünglichen Ljóþaháttrform voraussetzten. Aber schon unser Beispiel zeigt, dass der Aufgesang der bei weitem wichtigere Teil ist, das feste Fundament, auf dem verschiedenartige leichtere Gerüste stehen, wechseln, auch wohl ganz fehlen können. In diesem nicht nur formell voranstehenden Gliede also herrscht die aufsteigende Betonung, im Strophenanhang (ursprünglich) die absteigende. Die Analogie mit dem Satzton springt in die Augen: aufsteigende Betonung bis zu einem Höhepunkt, der den absteigenden Nachschlag ankündigt. Die aufsteigende Betonung teilt mit Satz und Strophe auch der Vers, doch der Reim verbietet hier anfangs den (im Stabreimvers sehr bedeutenden) Nachschlag, bis dieser im klingenden Reim als tonloser Anhang des Hauptictus sich doch durchsetzt. — Wirklich ist die Entwicklung der Otfridstrophe zur Moroltstrophe der vom stumpfen zum klingenden Reim völlig gleichgeartet, wenn wir mit Rieger [in Ploennies' Kudrun 280] ihre Teile wie ungleichartige Verse auffassen. Noch richtiger wäre es freilich, der Erklärung eingedenk, dass eigentlich erst die ganze Strophe einen abgeschlossenen Vers bilde, Auf- und Abgesang den beiden Gliedern des durch Cäsur zerschnittenen Viertakters zu vergleichen. Der normale Viertakter $2 \cup + 2 —$ oder auch die Verskomposition des Abgesangs selbst $4 — + 3 \cup$ bilden gleichsam den Querdurchschnitt, der die ganze innere Structur der Strophe

6*

veranschaulicht. Wir sehen nun die durchgreifende Entsprechung in allen Teilen, die diese Strophe zu einem wirklichen Musterstück der mhd. Strophik macht:

$$2\cup + 2 - a \qquad 2\cup + 2 - a \qquad 2\cup + 1\cup a$$
$$2\cup + 2 - a \qquad 2\cup + 1\cup a$$

Wir finden bei der Vergleichung der Verhältnisse auch
hier jenes Gesetz bestätigt, das längst durch Lessing,
Schiller und Andere auf philosophisch-historischem Gebiete
ausgesprochen, durch Darwin auf dem Boden der Natur-
wissenschaft verkündet, mehr und mehr alle Anschauungen
durchdringt: dass dieselben Bestimmungen, die den Teil
aus seinen Atomen gestalten, aus den Teilen das Ganze
bilden. Das Verhältnis von $2\cup$ zu $2 -$, von $2\cup + 2 -$ zu
$2\cup + 1\cup$, von $4 - 4 - 3\cup$ zu $4 - 3\cup$ lässt sich nicht
in allgemeinen Zahlen ausdrücken, aber in einer allgemeinen
Formel: **der zweite Teil wiederholt den ersten
mit Verkürzung des einen Abschnitts.** $2\cup : 2 -$
das heisst $-\cup | -\cup : -\cup | -$; $4 - : 3\cup$ das heisst $2\cup$
$+ 2 - : 2\cup - + 1\cup$; endlich $4 - 4 - 3\cup : 4 - 3\cup$
zeigt klar dasselbe Verhältniss. Dass hier aber die Zer-
legung $4 - 4 - | 3\cup$ trotz der ursprünglichen Zusammen-
gehörigkeit von $4 - 3\cup$ der scheinbar richtigeren $4 - |$
$4 - 3\cup$ vorzuziehen ist, macht ausser andern Erwägungen
besonders die Interpunktion der ältesten Stücke wahrscheinlich; und wir erinnern uns, wie durch den Wechsel der Tonbewegung noch spät in den schwedischen Volksliedern der
Anhang dem Verskörper sich gegenüberstellt: Die 'Verlängerung der Schlusszeile' ist eben suffigirt nicht eigentlich
der Schlusszeile, sondern dem ganzen Abschnitt. So bleibt
auch wieder unsere Beobachtung in Ehren, das die enger
zusammengehörigen Glieder gleiches Versgeschlecht haben,
die schärfer getrennten ungleiches. — Doch ob wir so oder
so teilen, es stellt sich immer eine Abweichung in der Art
der Verkürzung heraus. Beim Vers, sehen wir, wird einfach die letzte Silbe abgeschlagen, wenn $2\cup$ zu $2 -$ wird,
$4 -$ zu $3\cup$; fahren wir mit der Zweiteilung fort, so müssen
wir sagen: der zweite Abschnitt verkürzt sein letztes Halb-
glied. Anders bei den Strophenstücken: teilen wir $4 - 4 - |$

3 ', so hat 4 — | 3) einfach den ersten Vers eingebüsst: der zweite Teil wiederholt den ersten hier (nicht mit Verkürzung des letzten sondern) mit Verkürzung des ersten Abschnitts. Teilen wir 4 — | 4 — 3 ', so ist die Änderung der im Vers ähnlicher: 4 — wird wiederholt, im letzten Abschnitt aber büsst der zweite Teil nichts am zweiten Halbgliede ein, wohl aber das erste ganz. Also jedenfalls rückt der Ort der Verkürzung vom Schluss ab. Wir bemerken vorgreifend, dass auch hierin unsere Strophe typisch steht. Worauf beruht nun innerhalb der Analogie diese Verschiedenheit? Es liegt auf der Hand: in der verschiedenen Richtung der Tonbewegung. Jene Tendenz, durch entgegengesetzte Bewegungen auszugleichen, auf die wir gleich beim Satzton stiessen, tritt von neuem hier ins Licht.

Sehen wir die verschiedenen Abteilungen, die die Strophe aufbauen, der Reihe nach durch. Die kleinste, der Versfuss, hat wie das Wort absteigende Betonung: — U. Dies Glied aber ist durchaus unselbständig und deshalb im Innern des Verses unveränderlich fest; verlangt die obere Einordnung eine Änderung, so ist die nur möglich, wo diese Steine der Grundmauer frei liegen, nämlich am äussersten Ende, d. h. nur am letzten Versfuss ist Verkürzung gestattet und zwar berührt sie auch hier zunächst noch die Senkung: von — U springt der Schluss ab, die Arsis bleibt. — Der Vers ist viel freier und beweglicher, ja das eigentlich bewegliche Element in der Strophe. Er hat, wie der Satz, aufsteigende Tonbewegung. Indem nun der stärkere Ictus dehnt, bekommt die zweite Hälfte leicht ein Uebergewicht, dem durch Kürzung abgeholfen wird. Daher gleich von vornherein Katalexis: 2 U | 2 —, was wir (auch wo nicht 2 — für 2 U eintritt) deshalb stets halbirende Cäsur zu nennen uns berechtigt glaubten. Aber die eine abgesprengte More wird schon durch die Pause am Versschluss wieder eingebracht; die zweite Hälfte bleibt weiterer Erleichterung fähig: 2 U 1 U d. h. 3 U. — Nun die Reihen. Sie sind wieder in ihrer gegenseitigen Bedingtheit gebundener, oder eigentlich der Abgesang ist durch den Aufgesang in bestimmte Schranken gebannt. Der Aufgesang selbst dagegen ist ursprünglich

ja eine abgeschlossene Strophe: 'Wær diu werlt alliu mîn
von dem mere unz an den Rîn, des wolte ich mich darben'
wäre ein abgerundetes rhythmisches Ganzes so gut wie die
Strophen des Petrusliedes. Ja selbst diese zeigen noch einen
Zuwachs zu der unentbehrlichen Grundlage einer Strophe:
das Verspaar allein wäre schon genügend, wie es denn zwei-
zeilige Strophen überall giebt [z. B. ahd. MSD² 297, nhd. wie
Chamisso Werke 1836 III 20]. Wie nun aber zwischen
Strophe und Vers ein prinzipieller Unterschied überhaupt
nicht zu machen ist, so wird die Strophe auch das Auf-
steigen des Tons mit der Verszeile teilen. Und unzweifelhaft tut sie dies ursprünglich auch wirklich. Eben das
ists, was die vollkommenste aller Strophenformen, das Sonett,
zu epigrammatischer Verwendung so geeignet macht, dass,
wie Wernicke sagt, nach der letzten Zeilen die dreizehn
erstere wie in ihr Wirthshaus eilen. Der Refrain des Chors
ist ja auch der Höhepunkt, zu dem alle einzelnen Vorträge
hindrängen, und diese festen Dämme erst haben den losen
Boden zu festem Lande einzwängend gebunden, wie erst
zwischen den Chorgesängen die Einzelvorträge des antiken
Dramas sich festsetzten. Wie aber bei Feststellung der
Tonbewegung im Versfuss oder Wort die Silben, im Vers
oder Satz die Worte oder richtiger die Hochtöne derselben
verglichen werden müssen, so ist hier der Vers an dem
Verse zu messen. Das Einsetzen des Chors bezeichnet unzweifelhaft den Höhepunkt, jenen Batteuxschen Gipfel, auf
dem die Stimme nicht beharren kann; sie gleitet herab, und
so ist zunächst die Strophe aufsteigend betont, der Anhang
absteigend: eben jener Wechsel des Rhythmus an der Grenz-
scheide beider, den Volkslieder so prägnant zur Anschauung
bringen. Aber diese verschiedene Bewegung treibt leicht
den Schluss ganz ab vom Strophenkörper: statt 4 — | 4 — 3 ᴜ
wird, wie wir schon sahen, 4 — 4 — | 3 ᴜ als Einheit ge-
fasst, auch dies ja nicht ohne innere Berechtigung. Also:
zunächst wird wieder der durch höheren Ton gedehnte
Refrain (an dem dies Moment durch die musikalische Verlängerung der Sequenzen ja am aller stärksten hervorbricht)
verkürzt zu jener (ebendeshalb meist kürzeren (dritten Zeile

des Ljóþahátts oder des Petruslieds, gekürzt wieder, wo
allein es frei liegt: am Ende. Weiter aber wird die Cäsur ver-
schoben, um die noch immer zu schwere Strophenendung zu erleichtern. Man vergleiche nur einmal bei Neidhart 3, 32—24:

Der meie der ist riche:
er füeret sicherliche den walt an siner hende.

und ebenda 4, 26—28:

Liebiu muoter hére, nâch mir só klaget er sére.
sol ich im des niht danken?

Ohne Frage ist die letztere Form die gefälligere; die
erstere stürmt allzu rasch der Pause zu. Dazu kommt die
gegenseitige Ausgleichung der Strophenteile. Noch immer
bleibt der Strophenschluss höher, als der Strophenanfang,
aber in sich nimmt er die aufsteigende Bewegung des Anfangs an statt seiner alten absteigenden. Sobald der Anhang
selbständiger Vers wird, erhält er Versbetonung. Das ist
nun aber bedeutungsvoll; denn so rückt der Höhepunkt vor.
Dieser stand vorher am Ende des Verspaars, da wo der Chor
einsetzt. Der Chorgesang setzt also höher ein, als das Verspaar, statt zu sinken aber steigt er nunmehr und Gipfelpunkt
wird der Schluss des Anhangs. Damit haben wir aber
bereits die fertige Strophe mit Auf- und Abgesang. Denn
jene Veränderung setzte ja voraus, dass der Anhang dem
Verskörper gegenüber als selbständig gefühlt würde und
somit tritt eine scharfe Cäsur zwischen beiden ein. Bei der
Form Verspaar und Refrain aber bleibt die Strophenbildung
nicht stehen. Die einfache Form des stichisch verwandten
Viertakters, des Kviþuhátts oder der Otfridsstrophe, wirkt
ein: bald werden zwei Stücke jener Gestalt verschmolzen
wie zum Ljóþaháttr, bald schliesst eine Abschlusszeile die
auf den Anhang reimt sie ab zur Moroltstrophe. Im letztern
Falle presst nun der neue Anhang die bisherige zweiteilige
Strophe zu einem blossen Aufgesang zusammen. Es wiederholt sich nun genau derselbe Vorgang: wie der ältere Abgesang eine verkürzte Wiederholung des ältern Aufgesangs,
so ist der neue eine verkürzte Wiederholung des neuen Aufgesangs, und zwar wieder verkürzt um die Dehnung durch
höheren Ton einzubringen. Nun aber der Unterschied: der

alte Abgesang war eine einfache Reihe, ja selbst der alte
Aufgesang aus zwei Versen ward als solche empfunden. Jetzt
aber ist die Hauptcäsur zwischen dem ursprünglichen Verspaar
und dem ursprünglichen Refrain zu stark, als dass nicht auch
nach der Verschmelzung $4 - 4 - | 3 \cup$ als Versgruppe em-
pfunden werden sollte.   Die Masseinheit des Verses ist der
Versfuss: seine Betonung ist absteigend, die Hebung also
fester als die Senkung; eine Verkürzung greift also am Schluss
an.   Die Masseinheit der Versgruppe ist der Vers: seine Betonung ist aufsteigend, das zweite Kolon demnach fester
als das erste; eine Verkürzung greift also beim Beginn an.

Zusammenfassend also sagen wir nun für alle Gliede-
rungen der Strophe: der zweite Teil wiederholt den
ersten mit Verkürzung des minder betonten Teils.
Und der Grund ist überall die Ausgleichung: weil alle Takte
absteigende Betonung haben, haben alle grösseren Abschnitte
aufsteigende.   Und weil sie alle aufsteigende Betonung haben,
gleichen sie die durch den Hochton bewirkte Verlängerung
des zweiten Teils aus durch Verkürzung seiner sprachlichen
Unterlage.   Also fortwährende Abnahme der Zeilenlänge und
Zunahme der Tonstärke.

Hier nahmen wir überall natürlich nur Rücksicht auf
das Grundschema, aus dem Modificationen in üppigster Fülle
überall hervorschiessen.   Der Hauptträger der Entwicklung
bleibt auch hier dasjenige Glied, welches unserer Auffassung
nach die Wurzel aller Strophik ist: der ursprüngliche Refrain,
der erste Abgesang.   Seine schwankende Stellung war
schon öfter zu betonen: ob seine Verkürzung bis unter die
Länge der Verszeilen herabgeht, ob er immer noch eine
diese überragende Verskomposition bleibt; ob er als selbständig dem ganzen Aufgesang gegenübersteht oder dienend
der Schlusszeile anhängt, endlich ob er seine Tonbewegung
behält oder die aufsteigende annimmt.   Überall im Obigen
war der meiner Meinung nach wichtigere Fall, der häufigere
und ursprünglichere, angeführt; aber wenn auch seltener
finden sich auch alle die andern Fälle.   Die wichtigste unter
jenen Fragen ist die, ob der alte Anhang an der Schlusszeile haften bleibt oder ihr freier gegenübersteht.   Denn

davon ist der neue Abgesang bedingt: **nur was als Aufgesang empfunden wird, wird wiederholt**, nichts
von dem alten ersten Abgesang, nichts überhaupt was als
Abgesang gilt. Wo also der Refrain fest am zweiten
Stollen hängt und diesen gleichsam in die Strophenthesis
herabzieht, da geht dem neuen Aufgesang auch der zweite
Stollen verloren. Was der Abgesang aber wiederbringt,
pflegt er wie gezeigt zu verkürzen und zwar an seinem
minderbetonten Teile, also am Anfang. Wir erhalten demnach folgende Schemata:

x + y x + y — Verspaar oder Otfridstrophe, d. h. zwei
  Verskompositionen,

x + y x + y x [+ y] — Verspaar mit normalisirtem
  Refrain;

x + y x + y x [+ y]

[x + y x + y] Strophe mit doppeltem Abgesang (ein-
  geklammert habe ich die in der Regel verkürzten
  Glieder).

Das letztere allgemeine Schema zerlegt sich nun in
zweierlei Formeln:

x + y | x + y x [+ y]

[x +] y bei Anlehnung des Refrains an die Schlusszeile
  des Strophenkerns;

x + y x + y | x [+ y]

x [+ y] x + y bei selbständiger Stellung des Refrains
  dem Aufgesang gegenüber.

Wir erhalten demnach im Ganzen folgende Schemata:

I. Strophen mit einfachem Abgesang (d. h., äusserlich
genommen, mit einfachem Aufgesang):

x + y [x + y] | x [+ y]

Hauptformen also: x + y x + y | x + y
  x + y x | x + y
  x + y x + y | x

II. Strophen mit zweifachem Abgesang (d. h. äusserlich genommen, mit doppeltem Aufgesang):

1) mit angegliedertem Refrain:

x + y | x + y x [+ y]

x [+ y]

Hauptformen: $x \div y \mid x + y \quad x \parallel x \div y$
$x + y \mid x + y \quad x \div y \parallel x$
(seltener $x + y \mid x + y \quad x \div y \parallel x + y$)

2) mit losem Refrain:

$x \div y \quad x + y \quad [x + y]$
$x \, [+ y] \quad x \div y$

Hauptformen: $x + y \quad x + y \mid x \qquad \parallel x + y \quad x + y$
$x + y \quad x + y \mid x + y \parallel x \qquad x \div y$
(seltener $x + y \quad x + y \mid x + y \parallel x + y \quad x + y$).

Allen Strophenformen ist also gemeinsam ein Strophen-
anfang aus drei (selten unverletzt erhaltenen) Verspaaren
$x + y \quad x + y \quad x + y$; es folgt weiter entweder gar kein
Abgesang, oder aber noch ein oder noch zwei Verspaare.
Statt der Verse können natürlich stets Kombinationen von
Versen eintreten. —

Diese Schemata habe ich meiner Übersicht des mhd.
Strophenbaus zu Grunde gelegt. Auf alle, sieht man, passt
die Regel: der Abgesang wiederholt den Aufgesang mit
Verkürzung im vorderen Teile. Der Schluss bringt die fast
stets noch kenntliche, oft oder meist genaue Wiederholung
des ganzen Aufgesangs oder eines Stollens, wie das schon
längst aus der musikalischen Begleitung ersehen worden ist
[z. B. Böhme Altd. Liederbuch LXI—LXII].

Ich bringe nun wieder einige Beispiele. Für den in
mhd. Zeit schon fast gänzlich überwundenen Standpunkt
des einfachen Abgesangs citirten wir schon das Petruslied
(MSD IX):

$$-\cup-\cup-\cup-\mid-\cup-\cup-\cup-$$
$$-\cup-\cup-\cup-\mid-\cup-\cup-\cup-$$
$$-\cup-\cup-\cup-\mid-\cup-\cup-\cup-$$

Hier ist also der Abgesang mit den Stollen identisch;
zugleich ist es, wie schon erwähnt, noch ein wirklicher
Refrain. —

Viel häufiger, wie ebenfalls schon bemerkt, ist die
Bereicherung des Aufgesangs um einen Anhang. Dies un-
ruhige Element ist es recht eigentlich, das Bewegung in
den Strophenbau bringt; bald mit der Grundmasse amalga-
mirt, bald noch merkbar darüber Linrollend, überall wirk-

sam und proteusartig in vielerlei Gestalten sich verbergend
ist es dieses Mittelglied, was den innern Mechanismus der
mhd. Strophen recht eigentlich charakterisirt. Bei meinen
Strophenanalysen war dieser seltsame Rest, der so oft in
der Gleichung nicht aufgehen wollte, mir lange aufgefallen;
ich nannte ihn 'Vermittlungsglied' und sah ihn als Über-
führung vom Aufgesang zum Abgesang an. Das ist aber
eine künstliche und unhaltbare Auffassung, die ich mit einer
besseren und fruchtbareren hoffe vertauscht zu haben. Immerhin bleibt dieser verdrängte Abgesang oft schwierig und
zweideutig und wo Zweifel über eine Strophenbildung bleiben,
werden sie meist durch ihn verursacht sein. Aber doch
haben wir diesen ehrwürdigen Rest einer ältesten Dichtungs-
stufe mit Dankbarkeit zu betrachten, denn ohne ihn wäre
jener erstaunliche Formenreichtum der mhd. Lyrik unmöglich.
Damals ging dieser Keim, sinnig gepflegt, in schier ver-
wirrendem Wachstum auf; dann starb er ab und seit wir
nur noch einfachen Aufgesang und einfachen Abgesang
haben, ward unsere einheimische Lyrik arm an Formen,
denn die Anpflanzungen aus fernher geholten oder gar ausge-
grabenem Samen sind zu Urwäldern eben nicht gediehen! —
    Der alte Anhang ist mit dem Strophenkern verwachsen:
x + y | x + y x [+ y] ‖ x [+ y]. Die Analogie des Strophen-
körpers selbst wie der viel häufigeren Klasse mit losem
Refrain bewirkt, wie schon angemerkt, dass die erste
Strophencäsur fast stets verschoben wird: x + y x + y | x
[+ y] ‖ x [+ y]. Die Hauptcäsur der Strophe wird dadurch
natürlich nicht berührt.
    Ein Beispiel Rog. 16, 1.
        4 — + 4 —ᵃ 4 — + 4 —ᵃ |
        4 —ᵇ + 4 — ‖ 4 —ᵇ
also x + y x + y | x + y ‖ x.
    Hier wird zunächst Anfechtung erfahren, dass wir
das Reimpaar b : b auseinandergerissen haben. Aber
16, 13 bestätigt starke Interpunktion unsere Teilung. Es
ist hier gleich der Ort es zu wiederholen: die Reimstellung ist für die Strophik überhaupt nur
ein secundäres Moment. Ging in dieser ganzen Arbeit

unser Augenmerk vor allem auf das Grössenverhältnis der
Reihen, das bisher oft vernachlässigt wurde, so mag im
Zuge dieses Bemühens ich allerdings meinerseits den Wert
des Reims unterschätzt haben. Aber gegenüber der ein-
seitigen Abteilung einzig nach der Reimstellung suchte ich
im ersten Kapitel der Bedeutung der Pausen bei natürlichem
Vortrag zum Recht zu verhelfen und kann als wichtig für
den Strophenbau den Reim nur ansehen, wo er solche
Stellen markirt. Der Innenreim jeder Art hat für die Strophik,
glaube ich, nicht mehr Wert als Assonanzen, Alliteration
oder anderer Schmuck, oder auch als Antithese, Klimax
und andere stilistische Mittel, bestimmte Punkte hervorzuheben; und er verdient im Schema der Strophe so wenig
wie all dies einen Platz, wenn wir nicht überhaupt alle
Cäsuren notiren wollen. — Das hat denn auch Anwendung
auf die verschiedene Reimstellung von entsprechenden Teilen;
gekreuzter Reim im Aufgesang, paariger im Abgesang z. B.
ist eine beliebte Ersetzung. Dies verdient wohl, wie die
Bewegungen der Reime überhaupt, eine eingehende Betrachtung; an dieser Stelle aber dienen uns die Reime höchstens
zur Bezeichnung der auch ohne dies klare Versschlüsse und
kommen für die Konstruktion der Strophe kaum in Betracht.

Die zweite Hauptform vertritt, mit dem letzten Beispiel sonst gleich gebaut, Veld. 66, 9:

$$4 - 4 - \qquad 4 - 4 -$$
$$4 - \qquad 4 - 4 -$$

also x + y x + y | x ‖ x + y.

Hier sind die Halbglieder der Stollen des alten Auf-
gesangs gleich: statt x | x + y x + y formuliren wir
in solchen Fällen den neuen Abgesang besser als x | x + x
x + x. —

Wir gehen zu der besonders für die spätere Lyrik
noch wichtigeren Kategorie mit losem Refrain über: x + y
x + y | x + y ‖ x x + y.

Ein Beispiel MF 4, 35.

$$3 \cup 4 - \qquad 3 \cup 4 - | 3 \cup 4 -$$
$$3 \cup \qquad 3 \cup 4 -$$

Die Interpunktion stimmt genau zu unserer Einteilung, denn der neue Abgesang bildet ja nur ei ne Reihe und überlaufende Konstruktion von seinem Vorderglied in sein Nachglied muss gestattet sein, besonders wenn das erstere verkürzt ist. Nach der Reimstellung wäre freilich 3 ◡ 3 ◡ 4 — zu schreiben: auch durch sie und durch sie in viel härterer Weise wird im Abgesang das erste Kolon des zweiten Stollens in den ersten gezerrt — natürlich, da klingend und stumpf ja nicht reimen können. — Das Schema ist genau eingehalten.

Nur scheinbar gehört hierher (oder zum folgenden Schema: x und y sind gleich) MF 6, 5:

$$4 - + 4 - \qquad 4 - + 4 - \mid 4 - + 4 -$$
$$4 - \qquad 4 - + 4 -$$

Dem Musterbild scheint genau entsprochen — und doch zwingt die natürliche Folge der Worte und Sätze zu einer ganz andern Anordnung: [4 — + 4 — | 4 — + 4 —]

$$4 - + 4 - \mid 4 -$$
$$4 - + 4 -$$

mit überschüssigem Vorbau (s. u.): also das altertümliche Muster x + y |x + y] | x + y. — Ein wirkliches Beispiel dagegen ist MF 4, 1 nach Scherers Auffassung [D. St. II 442]:

$$\underbrace{3 ◡ + 4 - 3 ◡ + 4 -}_{3 ◡} \qquad \underbrace{3 ◡ + 4 - 3 ◡ + 4 -}_{1 ◡ + 4 -} \mid 3 ◡ + 4 -$$

Hier sind Abweichungen: der alte Aufgesang ist verdoppelt. Völlig regelmässig wäre 4, 5—12:

$$3 ◡ + 4 - \qquad 3 ◡ + 4 - \mid 3 ◡ + 4 -$$
$$3 ◡ \qquad 1 ◡ + 4 -,$$

nur dass hier im Abgesang im zweiten Teile x verkürzt wird. Wir sehen also: wie der Refrain in der Wiederholung unberücksichtigt bleibt, wo er von dem alten Verspaar getrennt scheint, so bleibt auch unvertreten, was dem Reimpaar vorgeschlagen wird. Am deutlichsten tritt das in Meinlohs drei Tönen hervor, von denen 11, 1 und 14, 14 verdoppelten, 15, 1 sogar verdreifachten Aufgesang bei wesentlich gleichem Abgesang zeigen. —

Doch wir können nicht in dieser Weise alle einzelnen Erscheinungen besprechen. Die Proben werden schon ein Bild davon geben, wie im Strophenbau wirklich nicht Willkür herrscht, sondern Gesetzmässigkeit. Dass wir Vieles noch unerklärt lassen, Vieles wahrscheinlich falsch erklärt haben werden ist kein Beweis dagegen; diese Arbeit ist der erstere grössere Versuch in dieser Richtung und jede folgende wird gewiss weiter Ordnung aufzeigen können, wo sie hier noch nicht klar liegt. Eine Reihe weiterer Einzelbeobachtungen sowie Fragen für weitere Forschungen auf diesem Gebiet werde ich dem letzten Kapitel dieses Versuchs einfügen. Worauf es vor allem ankommt, das ist hoffentlich schon bewiesen: die Form des Aufgesangs bedingt den Abgesang. Und ebenso ist denn der Aufgesang selbst durch seine Reihen bedingt. Ich nannte schon oben den Vers den Querdurchschnitt der Strophe, die sich freilich nicht in mathematisch zu fixirender Weise verjüngt, aus jenem Durchschnitt in der That aber sich annähernd genau berechnen lässt. Dies gilt nun freilich nicht bloss für die mhd. Lyrik. Vielmehr lasse ich hier als lehreiches Beispiel dafür, wie der Vers Schlüssel der Strophe ist, aus der französischen Poesie das Schema eines höchst kunstvoll gebauten Gedichts folgen. Es ist Victor Hugos Gedicht Les Djinns [abgedruckt z. B. in Herrig et Burguy La France littéraire S. 481], welches G. Brandes mit Recht ein metrisches Wunder nennt. Dasselbe hat 15 Strophen, von denen jedoch die letzten sieben die Form der ersten sieben in umgekehrter Folge wiederholen; ich teile also natürlich hier nur die ersten acht mit.

∪1∪a	∪1−b	∪1∪a	∪1−b	∪1∪c	∪1∪c	∪1∪c	∪1−b
2∪a	2−b	2∪a	2−b	2∪c	2∪c	2∪c	2−b
∪2∪a	∪2−b	∪2∪a	∪2−b	∪2∪c	∪2∪c	∪2∪c	∪2−b
3∪a	3−b	3∪a	3−b	3∪c	3∪c	3∪c	3−b
∪3∪a	∪3−b	∪3∪a	∪3−b	∪3∪c	∪3∪c	∪3∪c	∪3−b
4∪a	4−b	4∪a	4−b	4∪c	4∪c	4∪c	4−b
∪4∪a	∪4−b	∪4∪a	∪4−b	∪4∪c	∪4∪c	∪4∪c	∪4−b
∪5∪a	∪5−b	∪5∪a	∪5−b	∪5∪c	∪5∪c	∪5∪c	∪5−b

Wie man sieht, hat die Verszeile jedesmal verschiedene Länge, der Bau der Strophe aber bleibt genau gleich.

Das Schema ist algebraisch formulirt dieses:

x∪a x b x∪a x b x∪c x∪c x∪c x b

Lassen wir uns wieder durch die Reimstellung nicht beirren und reduciren dies auf unsere gewohnte Formel, wobei y hier = x weniger eine Senkung ist:

$$x + y \quad x \div y \mid x$$
$$x \qquad x + y$$

Also derselbe Bau wie MF 4, 35, nur dass der alte Abgesang von x + y zu x verkürzt ist. — Aufgesang und Abgesang sind in dem Gedicht nicht so scharf geschieden wie der Strophenkern von allen Anhängen, und deshalb nimmt auch der alte Anhang den Reim aus dem neuen Abgesang; seine Verkürzung dagegen ist regelmässig.

Nach dieser Formel sind nun, wie wir sehen, die Strophen so regelmässig gebaut, dass wir wirklich dort nur verschiedene Zahlen für x einzusetzen brauchen, um sofort das Schema der einzelnen Strophe fertig zu haben. x sei ∪1∪ : y wird ohne weiteres ∪1 —|; x = 2∪, y = 2 — und so fort: jede Strophe wächst um eine Silbe in jeder Zeile, nur die achte, der Mittelpunkt des Gedichts, überragt die umgebenden Strophen um zwei Silben auf den Vers. Aber dabei bleibt der Bau überall völlig unverändert: wir haben achtmal dasselbe Modell in verschiedenem Massstabe angeführt. Mit der ersten Zeile ändert sich jede in der ganzen Strophe, denn sie bedingt die Form des Aufgesangs, diese den Abgesang. —

Dies klassische Beispiel spricht wohl deutlich genug. Interessant ist es zugleich, weil es einen mhd. Strophentypus auch nfr. nachweist, der freilich überall zu erwarten ist. Doch bis zu einer vergleichenden Strophik ist es noch weit! Möge unser System des mhd. Strophenbaus wenigstens für die mhd. Lyrik als erster Versuch einer solchen nicht ganz unbrauchbar sein und so für die poetische Technik der Minnesinger wie zur Charakteristik der Epochen und Personen einen Beitrag liefern können und besonders für weiteres Eindringen damit ein nicht ganz tauber Schacht angehauen sein! —

SYSTEM DES MITTELHOCHDEUTSCHEN STROPHENBAUES.

Die folgende Übersicht des mhd. Strophenbaues in der älteren Lyrik nach den von uns im vorhergehenden ausführlich entwickelten Prinzipien soll zunächst eine Probe auf unser Exempel sein. Doch hoffe ich, sie werde auch sonst nicht ganz fruchtlos sein, sondern in der oben ausgesprochenen Richtung einiges bieten. Bei Zerlegung der Strophen habe ich mich an die natürliche Gliederung, wie Satz- und Wortfolge sie geben und die Interpunktion sie markirt, möglichst eng angeschlossen, da sie mir grade für die ältere Zeit der sicherste Leitfaden schien; Enjambement auch nur zwischen den grösseren Strophenteilen anzunehmen schien mir bedenklich und liess sich auch wirklich meist vermeiden. Stimmen nun die gegebenen Schemata in den meisten Fällen mit unseren Forderungen, besonders aber untereinander überein, ergeben sich aus den Abweichungen nicht unwahrscheinliche Folgerungen und widerstreben die Analysen selbst nicht der Analogie ähnlicher Gestaltungen, so werden unsere Strophenformeln im Ganzen von der inneren Gliederung der Strophen ein zuverlässiges Bild geben. Im einzelnen wird allerdings auch wer unsere Voraussetzungen annimmt Manches zu ändern haben. Es lässt sich kaum vermeiden, dass im Zuge einer derartigen Arbeit man manchmal im Analogisiren zuweit geht, seltenere Formen vergewaltigt und genauer im Kleinen künstelt, als die Dichter selbst thaten. Dazu wird die Musik, von der wir ganz absahen, sicher Vieles in anderem Licht darstellen und Irrtümer aufdecken, die eine auch mir erwünschtere Bearbeitung des Themas von einem Kenner der alten Musik ganz vermieden hätte. Um gleich Beispiele zu nennen: an der Zulässigkeit meiner Einteilung der beiden pseudodietmarischen Lieder 37, 4 und 37, 18 zweifele ich selbst, und für so alte Zeit ausgebildete Kunst des Strophenbaus zu erwarten ist wohl auch unberechtigt. Vielleicht dass ein wirklicher Refrain hier verborgen liegt, etwa 37, 8—9 im ersten Liede; im zweiten scheint freilich kein Raum dafür. So habe ich in CB 141 a die Zeilen *Ich sage dir ich sage dir, min geselle chum mit mir* als Kehrreim genommen und auf diese Weise eine einfache Gliederung gewonnen. — Auch meine Analyse der beiden Spervogeltöne ist mir selbt bedenklich, und bei diesen Spruchtönen war es vielleicht wieder falsch, die Regeln der lyrischen Strophen anzuwenden. Was bei den epischen Strophen vor allem durch das Beispiel der Titurelstrophe sicher erscheint, was für jüngere Minnesingerstrophen und nun gar für die Weisen der Meistersänger nicht bezweifelt werden kann: neue Erfindung durch überlegte Mischung und Veränderung des Gegebenen, Gestaltung aus der Reflexion heraus — das darf für diese gnomische Poesie vielleicht schon so viel früher angenommen werden. Von dieser Anschauung aus hat Scherer [D. St. I 283 f.] die Spervogeltöne erklärt, mit ihnen andere Töne, die ich zum Teil anders glaubte fassen zu müssen. — Und so bin ich noch in vielen andern Fällen weit davon entfernt, meine Analysen für sicher zu halten. Aber die Probe musste gemacht werden, und die Regeln musste ich auf die Grenzen ihrer Anwendbarkeit untersuchen. Ich hatte sie ja aus den Strophenformen selbst abgezogen, nicht etwa durch abstracte Speculation mir zurecht gemacht; aber manchmal werde ich der letztern in meiner Arbeit doch schon näher gekommen sein, als mir lieb ist, und eben deshalb schien genaue und umfangreiche aposteriorische Controle unerlässlich.

In dem folgenden Überblick habe ich mich auf eine vollständige Ausschöpfung der Strophenformen von MF I—IX fürs Erste beschränkt. Die älteste Periode ist damit

im Wesentlichen erschöpft, unsere Regeln wohl genügend
erhärtet und für ein System der mhd. Strophik eine ge-
nügende Basis gewonnen. So lange dieselbe nicht anerkannt
ist, schien es mir besser, das Wichtigste allein zur Anschauung zu bringen, statt der Fülle von Einzelheiten, die
mit Beginn der künstlicheren Bildungen erforderlich wird.
Doch habe ich auch diese durch eine Anzahl von Beispielen
vertreten lassen. — Es fehlen in unserer Übersicht die drei
Gedichte MF 5, 16, H. 43, 28 und 52, 37 ihrer Daktylen
wegen. —

I. Strophen mit einfachem Abgesang.

Strophen nach dem Schema $x + y$ $x + y$ | $x - y$ sind,
wie schon hervorgehoben, selbst in der ältesten Zeit ziemlich selten. Ausser namenlosen Liedern (worunter auch das
pseudodietmarische Tagelied 39, 18) sind aber auch Veldeke,
Dietmar und Hausen vertreten. Veldeke gehört zur volkstümlichen Schule; Hausen dagegen wundert man sich hier
zu treffen. Vielleicht gehören die betreffenden Lieder, auch
sonst sehr altertümlich (ungenaue Reime gehäuft 48, 23. 32,
Refrain 49, 37) nicht ihm. — Ausser 21. 48, 23. 32 und Veld.
67, 33. 68, 6 beginnen alle hierher gehörigen Strophen mit
Vollversen und sind auch grösstenteils nur aus solchen zusammengesetzt.

1) Der Aufgesang ist vollständig (d. h. also hier zugleich auch gleichteilig).

Die denkbar einfachste Form MF 6, 14: $4 - + 4 -$ |
$4 - + 4 - \| 4 - + 4 -$: Otfridstrophe mit angeglichenem
Refrain.

Das Schema $x - y$ | $x + y \| x + y$ vertritt noch
Veld. 66, 32: $4 \cup 4 - | 4 \cup 4 - \| 4 \cup 4$. Die scheinbare
Verlängerung der letzten Zeile rührt von der alten Gleichsetzung von $4 \cup$ und $4 -$ her. Eben diese Gleichstellung
bringt Veld. 56, 1 hierher. In dieser Strophe haben die
Stollen, wie bei Veld., gern die Ljóþahàttr-Form; im Ab-
gesang sind sie umgestellt: $4 \cup 4 \cup + 4 - | 4 \cup 4 \cup + 4 -$
$4 - + 4 \cup 4 -$.

Sehr ähnlich, zugleich aber gewissermassen eine drei-
zeilige Fortsetzung des Schemas von MF 3, 7. 12 (zu diesem

also wie Veld. 56, 1 zu Veld. 66, 32 stehend) ist D. 40, 19
gestaltet: 4 — 4 — + 3 ∪ | 4 — 4 — + 3 ∪ ‖ 4 — 4 —
+ 3 —. Die Verminderung des Abgesangs um eine More
führt zu den folgenden Bildungen herüber.

Der Abgesang ist um ein Glied gekürzt: dreizeiliger
Aufgesang Veld. 64, 26: 4 — 4 ∪ + 4 — | 4 — 4 ∪ +
4 — ‖ 4 ∪ 4 ∪; vierzeiliger H. 49, 37: 4 — 4 ∪ + 4 —
4 ∪ | 4 ∪ 4 — + 4 ∪ 4 — ‖ 4 — 4 —: wieder ein hübsches
Beispiel der Umbildung von Strophenformen einfach durch
Erweiterung des Aufgesangs. Hausen hat die Glieder des
Aufgesangs umgestellt, was er gern thut (so 44, 13: 4 —
4 ∪ 4 — 4 ∪ | 4   4 —, und grade umgekehrt 51, 13: 4 ∪
4 — 4 ∪ 4 — | 4 — 4 ∪). Der Abgesang ist hier noch
wirklicher Kehrreim.

Das übrig bleibende Glied des Abgesangs ist noch
weiter verkürzt in zwei einander nah verwandten Strophen-
formen bei Veldeke: 67, 33: 5 — 4 ∪ + 4 — | 5 — 4 ∪ +
4 — ‖ 4 , 4 ∪ und 68, 6: 5 — 4 ∪ + 4 — | 5 — 4 ∪ +
4 — ‖ 3 4 ∪. Dies ist die Gliederung, die aus Veldekes
Sätzen sich von selbst ergibt; wollte man abteilen 5 — +
4 ∪ 4 — | 5 — + 4 4 — ‖ 4 ∪ 4 ∪ und 5 — + 4 ∪ 4 — |
5 — + 4 4 — ‖ 3 ∪ 4 , so gehörten diese Fälle unter die
vorige Rubrik, wenn man sich der alten Gleichsetzung der
Vollverse 3 ∪ 4 — 4 ∪ erinnert.

Der Abgesang ist in beiden Gliedern verkürzt: Aufgesang gleich dem von H. 49, 37 (nur wieder einmal 4 —
statt 4 ∪): Veld. 58, 35: 4 — 4 + 4 — 4 ∪ | 4 — 4 — +
4 ∪ 4 — ‖ 2 ∪ 2 ∪ + 3 — 3 —. Die beiden Zweitakter sind
für Veldeke charakteristisch, vgl. Veld. 60, 13 62, 25 und
besonders 67, 25. — Hierher gehört wohl auch die schwierige Bildung H. 45, 37 mit einem ausserhalb der Konstruktion stehenden Verspaar: [4 — + 4 —] 2 ∪ 3 — 2 —
+ 4 — | 2 ∪ 3 — 2 — + 4 — ‖ 2 ∪ 3 — ÷ 2 ∪ 3 —, also
mit viel künstlicher geformten Stollen. Die Komposition
Halbvers + Mittelvers steht oft in verkürzten Strophenteilen (s. u.); hier sind die ungleichen Stollen in dieser Form
zusammengetroffen.

Auf der Grenze zwischen dieser und der folgenden

Gruppe steht MF 3, 1: behandelt man 3, 3—4 als klingende Verse, so gehört es schon dorthin; andernfalls ist die Form mit der von MF 6, 14 (s. S. 98) identisch. Dasselbe gilt von Sperv. 20, 1, wo aber stumpf und klingend schon geschieden sind [Scherer D. St. I 286]. Ich habe es deshalb in die spätere Gruppe eingereiht.

2) Der Aufgesang verkürzt sein zweites Glied.

Schema x + y [x + y] | x + y: einfachste Form MF 3, 1 wenn eben 3, 3—4 als klingend gelten: 4 — 4 — + 3 ᴜ 3 ᴜ | 4 — 4 --. Den gleichen Stollen verkürzt stärker MF 6, 5: 4 — 4 — + 4 — | 4 — 4 —, wenn nämlich wieder 6, 5—8 ausserhalb der Konstruktion bleibt, worüber oben (S. 93) zu vergleichen. Sonst wäre zu lesen 4 — 4 — + 4 — 4 — | 4 — 4 — + 4 — || 4 — 4 — mit verdoppelten Stollen: dann ist der Abgesang um ein Halbglied verkürzt, der zweite Stollen aber (was nicht wahrscheinlich ist) nur um die Hälfte eines solchen. — Mit der ersten Analyse von MF 6, 5 deckt sich (der ursprünglichen Gleichwertigkeit aller Vollverse wegen) die von MF 3, 7. 12, wenn man die Endzeilen der Strophenteile noch als stumpf ansieht. Besser aber hält man hier auch den Anhang für verkürzt: 4 — 4 ᴜ + 3 ᴜ | 4 — 3 ᴜ.

3) Zweiter Stollen und Abgesang sind verkürzt.

Schema x + y [x + y] | [x + y]. Zunächst gehören hierher bei Trennung von 4 und 3 ᴜ die schon angeführten Strophen MF 3, 7. 12 und Sperv. 20, 1. Letztere hat, nach einem Strophenvorschlag, die einfachste Bildung: [3 ᴜ 3 — + 3 ᴜ 3 —] 4 — 4 — + 4 — 3 ᴜ | 4 — 3 ᴜ. Ganz dicht an diese Bildung tritt, ebenfalls mit Vorbau, D 38, 32 heran: [4 — 3 — + 4 — 3 —] 4 — 4 — + 4 — 3 — | 3 — 4 —: die Abschleifung geht um eine More weiter (was mit dem um soviel gestreckteren Vorschlag wohl nichts zu thun hat) und im Abgesang sind die Glieder (wie öfter) umgestellt.

Die Verkürzung geht, jedoch nur im zweiten Stollen, bis zur Syncope eines Halbglieds MF 3, 7. 12 4 — 4 — + 3 ᴜ | 4 — 3 ᴜ. Bei der gleichen Minderung des zweiten Stollens ist der Abgesang in beiden Gliedern weiter verkürzt MF 4, 13 3 ᴜ 4 — + 4 — | 2 — + 4 — (wenn man gegen Haupt 4, 16 liest *seht wie wol daz ril menegen herzen tuot*) und MF 39, 18

im Tagelied 3 ⌣ 4 ⌣ + 4 — | 2 ⌣ + 3 —. Diesen beiden nah-
verwandten Formen stehen wieder zwei unter sich ähnliche
interessante Bildungen nahe: D 37, 30 4 — 4 ⌣   4 — 4 ⌣ +
4 — 4 — 2 — | 4 —   4 — 4 — und Veld. 64, 17 4 — 4 —   4 —
4 — + 4 —   4 — 3 — | 4 —   3 — 3 —. Man sieht dass in beiden
Formen die Stollen verdoppelt sind. In der einen ist aber der
Abgesang um ein halbes Halbglied verkürzt, der zweite Stollen
dagegen in beiden Halbgliedern (einmal durch Streichung
eines halben Halbglieds, einmal durch Reduction eines solchen
auf Halbvers) geschmälert, in der andern ist gerade umgekehrt verfahren (denn die weitere Verkürzung der Aufgesang-
Abschlusszeile 64, 23 ist nur Assimilation an die der Ab-
gesang-Abschlusszeile 64. 25). So fügen sich diese scheinbar
ganz regellosen Systeme mit der kindlich einfachen Bildung
MF 3, 7. 12 in dieselbe Gruppe. Sie haben aber noch
weitere Verwandte.

Den Aufgesang von Veld. 64. 17 setzt mit um ein
Halbglied gekürztem Abgesang H 45, 1 fort 4 — 4 ⌣   4 —
4 ⌣ + 4 — 4 —   4 ⌣ ‖ 4 — 4 —. Und mit gleichmässiger
Kürzung beider Nachglieder Riet 19, 7 4 — 4 —   4 — 4 — +
3 — 3 —   4 — ‖ 4 —   3 — 3 —. Bis auf die Angleichung
des Abgesangs an den zweiten Stollen ist diese Strophe
eine genaue Nachbildung von 45, 1, in der nur der Vers,
der Schlüssel des ganzen Systems, um ein More gekürzt
ist: 4 — 4 — statt 4 — 4 ⌣, daher auch· 3 — 3 — 4 — statt
4 — 4 — 4 ⌣; allerdings ist die Verminderung im ersten
Halbglied noch gewachsen.

Und noch weitere Sippe hängt sich an. Bei nahezu
gleichem Bau des Aufgesangs haben den Abgesang wieder
nur um ein Halbglied erleichtert drei unter einander fast
identische Strophenformen H. 48, 23 MF 3, 17 Kür 7, 1.
Die einfachste Bildung hat davon H. 48, 23 3 — 3 —   3 —
3 — + 3 — 3 —   3 — | 3 — 3 —. Der Aufgesang sieht wie
eine Ummodellirung des Aufgesangs von Veld. 64, 17 auf
den Massstab von 3 — für 4 — aus, der Aufgesang wie ein
solcher Abguss des Abgesangs von MF 3, 7. Sehr ähnlich,
doch mit geringer Verlängerung des übrig bleibenden Halb-
glieds MF 3, 17 3 ⌣ 3 — 3 ⌣ 3 — + 3 — 3 ⌣   3 — | 3 ⌣ 4 —

und, nur mit anders gestellter Verkürzung im zweiten
Stollen (und mit dem Aufgesang von Veld. 64, 17 dadurch
noch mehr übereinkommend) Kür 7, 1 3 $\cup$ 3 — 3. 3 — + 3 $\cup$
3 $\cup$ 3 — | 3 $\cup$ 4 —. (In 3, 21 vertritt 3 — den Mittelvers
3 $\cup$ von 7, 5. 14, wenn man nicht mit Haupt allemal 4 — liest).

4) Der Aufgesang ist vollständig, der Abgesang ver-
kürzt: Schema x + y x + y | [x + y]

Für diese ungünstige Form, die die Einheit von Auf-
und Abgesang verwischt, ist wie für die entsprechende
Formel der zweiten Klasse x + y | x + y [x + y] ‖ [x + y]
ein sicheres Beispiel nur bei Veldeke zu belegen und zwar
entspricht dem einen der dort zu besprechenden Systeme
58, 11 4 $\cup$ 4 $\cup$ + 4 $\cup$ | 4 $\cup$ 4 $\cup$ + 4 $\cup$ 3 — 3 — + 3 $\cup$ ‖ 3 — 3 — +
3 $\cup$ das hierher gehörige Veld. 67, 25 5 — 5 —   5 — + 5 $\cup$ 5 $\cup$
5 $\cup$ | 5 — 4 $\cup$ fast genau. Wieder (wie oft bei Veld.) drei-
zeilige Stollen; steiler Abfall von der einen zur andern
Hälfte im ersten, ebenso unvermittelter Aufstieg im zweiten
Fall. Veld. 67, 32 ist das übrigbleibende Halbglied des
Abgesangs noch weiter verkürzt, so dass dies ein Gegenstück zu MF 3, 25 Kür 7, 9. 18 bildet. Im Aufgesang
wechseln stumpf und klingend; mit Berücksichtigung der
Cäsuren (die ich sonst nur angebe, wo sie das Verständnis
der Strophenformen erleichtern sieht die Strophe so aus:
3 $\cup$ 2 —   3 $\cup$ 2 — + 3 $\cup$ 2 — | 3 $\cup$ 2 $\cup$ 3 $\cup$ 2 $\cup$ + 3 $\cup$ 2 $\cup$ | 2 $\cup$ —
2 $\cup$ 2 $\cup$.

Vielleicht gehört auch noch das sehr alte Stück MF
37, 4 hierher. Es hätte dann dreiteilige Stollen, bei denen
4 — und 3 $\cup$ wechseln, und einen in beiden Halbgliedern
verkürzten Abgesang: 3 $\cup$ 3 $\cup$ 3 $\cup$ 3 $\cup$ + 4 — 4 — | 3 $\cup$ 3 $\cup$
4 — 4 — + 3 $\cup$ 3 $\cup$ ‖ 4 —   3 $\cup$ 2 —. Bis auf die Dreiteiligkeit
gliche der Bau des Aufgesangs dem von MF 3, 17 Kür 7, 1,
der Abgesang ist mit dem von Veld. 64, 17 (das auch sonst
nahe steht) identisch. — Indessen hat ein so komplicirter
Aufbau für dies Lied wenig Wahrscheinlichkeit und wenn
überhaupt einer unserer Formeln werden wir dies Gedicht
eher dem Schema x + y | x + y x + y ‖ x + y (s. u.) zu-
weisen müssen.

Hier gleich eine vorläufige Vergleichung der Verkürzungen. Die häufigste Form ist die, dass ein Halbglied verloren geht: so beim zweiten Stollen (MF 3, 1; 4, 13; 6, 5; 39, 18 Veld. 64, 17) und ebenso beim Abgesang (Veld. 64, 26; H. 49, 37. 48, 23; MF 3, 17; Kür 7, 1; D 37, 30; MF 37, 4). Die Verkürzung um ein halbes Halbglied kommt im zweiten Stollen (D 37, 30, kaum MF 6, 5) wie im Abgesang (Veld. 64, 17) nur vereinzelt vor. Abstossen von nur einer More ist in dieser Zeit, wo 3 ⌣ und 4 —, 4 — und 4 ⌣ noch oft vertauscht werden, kaum eine Verkürzung zu nennen; es findet sich ebenfalls im zweiten Stollen (MF 3, 1. 17; Kür 7, 1), im Abgesang (Veld. 67, 5), öfters auch an beiden Stellen zugleich (MF 3, 7. 12 Sperv. 20, 1). Verkürzung um einen Takt zeigen beide Stellen D 38, 32. — Liegen hier überall eigentliche Verkürzungen durch Apocope am Schluss anderweitig zu genügender Länge gedehnter Strophenteile vor, so findet sich ebenso oft ein andrer Vorgang: Ersetzung durch kürzere Reihen. Wir finden Veld. 56, 35: 2 ⌣ 2 ⌣ 3 — 3 — statt 4 — 4 ⌣ 4 — 4 ⌣; D 37, 30: 4 — 2 — für 4 — 4 —; Veld. 64, 17: 2 — 3 — für 4 —, 4 —; MF 4, 13: 2 — 4 — für 3 ⌣ 4 ⌣; MF 39, 18: 2 ⌣ 3 — für 3 ⌣ 4 ⌣; endlich H. 45, 37: 2 ⌣ 3 — für 2 ⌣ 3 — 2 — und für 4 —. Allgemein also: 2 ⌣ oder 2 — für 4 — oder 3 ⌣ 2 ⌣ 3 — oder 2 ⌣ 4 — für 4 — 4 — oder 3 ⌣ 4 —. Wir erinnern uns der Regeln bei der Verskomposition und sehen diese durch die Gruppirung 2 — + 4 — allerdings verletzt. Sonst aber helfen sie uns zum Verständnis der Kürzungen. Diese gehen vom Anfang des Abgesangs aus, wie unsere Beispiele ebensowohl als unsere Darlegungen wahrscheinlich machen, und hier tritt denn überall Halbvers für Vollvers ein. Da aber Halbvers und Vollvers als Kompositionsglieder sich schlecht vertragen, wandelt sich im Schluss des Abgesangs der Vollvers 4 — oder 4 ⌣ in den Mittelvers 3 —. In der Strophe Hausens liegt, wie oben gesagt, Angleichung der Glieder des Abgesangs vor. —

II. Strophen mit doppeltem Abgesang. —

A. Strophen mit angegliedertem Refrain.

Veldeke hat unter seinen zahlreichen Strophenformen wiederholt auch diese, sonst ist sie nicht eben häufig. Die jüngere Epoche verrät sich schon darin, dass, wenn auch erst vereinzelt, der Aufgesang schon zuweilen mit Mittelversen und sogar Halbversen in Komposition beginnt. In der Hauptmasse freilich bilden, wie in der älteren Zeit überhaupt, Vollverse noch ausschliesslich die Aufgesänge.

Es wurde schon bemerkt und erklärt, dass durch Verschiebung der Reihencäsur im Aufgesang aus $x + y \mid x + y$ $x + y \parallel x + y$ fast durchweg $x + y$ $x + y \mid x + y \parallel x + y$ wird. Ein Grund, diese letztere Form deshalb anders aufzufassen, liegt nicht vor, da der Hauptabschnitt zwischen Auf- und Abgesang deutlich bleibt. Wollte man etwa hier allen Abgesang bestreiten und lediglich Behandlung nach dem Muster des alten Strophenkerns empfehlen, so fiele dies aus aller Analogie, entbehrte der inneren Wahrscheinlichkeit (da diese Strophen doch ebenso gut gesungen wurden und daher Wechsel der Tonsätze verlangten wie alle andern) und machte die Erklärung der unvollständigen Formeln so schwierig als sie jetzt leicht ist. —

1) Der Aufgesang ist vollständig, der Abgesang ebenfalls.

Die regelmässigste Form $x + y \mid x + y$ $x + y \parallel x + y$ ist zugleich die häufigste, und dazu mag die Analogie zwischen Strophenkern und Gesamtstrophe denn allerdings beigetragen haben

$$4 - 4 - \mid 4 - 4 \div 4 - 4 - \parallel 4 - 4 - : \text{D} 33, 15; 35, 16. \text{ H.} 53,$$
$$31. \text{ Veld. } 65, 13; 67, 9$$
$$4 \cup 4 - \mid 4 \cup 4 - \div 4 - 4 - \parallel 4 - \quad 4 - : \text{Veld. } 61, 1;$$

davon zwei Spielarten mit Vertauschung der Glieder:

$$4 \cup 4 - \mid 4 \cup 4 - + 4 - 4 \cup \parallel 4 - 4 \cup : \text{Veld. } 57, 10$$
$$4 - 4 \cup \mid 4 \cup 4 - + 4 - 4 \cup \parallel 4 - 4 \cup : \text{Veld. } 66, 1.$$

$4 \cup$ und $4 -$ scheinen hier schon geschieden; dasselbe noch deutlicher in einer zu Verkürzung beider Abgesänge neigenden, sonst mit Veld. 61, 1 u. s. w. gleichartigen Strophe des Rietenburgers 18, 1: $4 \cup 4 \cup \mid 4 \cup 4 \cup \div 4 - 4 - \parallel$ $4 - 4 -$. Dagegen wird $4 \cup$ mit $4 -$ noch gleichgesetzt in einer dritten Variation des Schemas 61, 1, ebenfalls durch Veld. selbst: 66, 16: $4 \cup 4 - \mid 4 \cup 4 - + 4 \cup 4 - \parallel 4 \cup 4 \cup$. — Hierher stellt sich auch M. 14, 14 s. u.

Endlich scheint noch H. 49, 13 hierher zu gehören, eine Strophe, die allerdings wegen ihres Enjambements zwischen den Strophenteilen Schwierigkeiten macht. Da sich dasselbe jedoch bei keiner Gliederung vermeiden lässt, auch bei Hausen nicht ohne Beispiel ist, glaubte ich die Bildung hierher ziehen zu sollen: $3 - 4 \cup | 3 - 4 \cup + 4 \cup 3 - \| 3 - 4 \cup$. Namentlich die Umkehrung der Glieder im Aufgesang bestärkt mich in dieser Analyse, da Hausen, wie bereits bemerkt, gern die Stollen gegeneinander dreht. Dasselbe Princip zeigt denn auch die Reimstellung in den Abgesängen. Wir treffen hier von neuem jene Ausgleichung durch entgegengesetzte Bewegung: parallel laufende Strophenglieder erhalten entgegengesetzte Reimung: aα, bβ, aβ, bα. Überhaupt wäre wohl grade diese Kategorie des mhd. Strophenbaus, die wir mit dem Schema $x + y | x + y$ $x + y \| x + y$ überschreiben, sehr geeignet, für ein System der Reimstellung als Ausgangspunkt zu dienen. Strophenteilung und Reimordnung verhalten sich meiner Ansicht nach in der mhd. Poesie etwa so zusammen, wie Vers- und Wortaccent in der classischen Dichtung. Ursprünglich fallen sie zusammen, da eins aus dem andern hervorgeht; dann weichen sie ab, werden sogar bewusst in Gegensatz gebracht, und kommen schliesslich aus aller Berührung, so dass nur noch am Ende der Systeme beide Anordnungen im gleichen Abschluss zusammenklingen müssen. —

2) Der Aufgesang verkürzt seinen zweiten Teil; der Abgesang ist vollständig.

Schema $x + y | x + y \lfloor x + y \rfloor \| x + y$.

Der zweite Stollen wird allemal um ein Halbglied verringert. Die einfachste Form Veld. 66, 9: $4 - 4 - | 4 - 4 - + 4 - \| 4 - 4 -$. Durchweg um eine More verlängert Veld. 64, 10: $4 \cup 4 \cup | 4 \cup 4 \cup + 4 \cup \| 4 - 4 -$. Die andern Fälle entfernen sich nicht weit von diesem Muster. Fast gleich ist D. 34, 19, wo nur ein freistehendes Gesätz vorhergeht: $\lfloor 4 - 5 \cup 4 - 5 \cup \rfloor 4 - 4 - | 4 - 4 - + 4 - \| 4 - 4 -$. Verdoppelte Stollen zeigt das alte pseudo-dietmarische Gedicht MF 37, 18: $3 \cup 3 \cup 4 - 4 - | 3 \cup 3 \cup 3 \cup 3 \cup + 3 \cup 3 \cup \| 3 \cup 3 \cup 4 - 4 -$, wo also $3 \cup$ und $4 -$

noch unterschiedslos gebraucht sind. Endlich noch am meisten von den andern Beispielen verschieden stellt sich Veld. 62, 11 dar: 4 — 3 — | 4 — 3 — + 4 — ‖ 4 — 3 — (denn man wird gewiss 62, 11 mit vier Hebungen lesen müssen, wodurch denn auch die überschwere Senkung *seit* als Hebung ihre gebührende Geltung erhält; 62, 18 aber ist mit beiden Handschriften *deste* zu schreiben). —

3) Beide Abgesänge sind verkürzt.

Das Schema x + y | x + y [x + y] ‖ [x + y] ist sehr selten: es findet sich nur zweimal bei dem Neuerer Veldeke. Es ist dies keine schöne Form, da die innere Einheit des Systems nahezu verloren geht und zwei verschieden geartete Teile beziehungslos nebeneinanderrücken.

Die betreffenden Lieder klingen auch wirklich hart und ungeschmeidig, wie denn freilich gefügiger Bau und elegante Rundung nicht grade Veldekes Lieder auszeichnen. In der Form wie im Inhalt erscheint der Vater der höfischen Dichtung als ein kräftiger, heiterer, gesund-derber Mann, den wol Unreinheiten stören, aber nicht Unfeinheiten, eine originelle und darum einflussreiche Persönlichkeit wie etwa unser J. H. Voss. — Zweizeilige Stollen Veld. 67, 3: 4 ◡ 4 ◡ | 4 — 4 — + 3 ◡ 2 ◡ ‖ 2 ◡ 3 ◡. 4 — und 4 ◡ sind wieder gleichgerechnet, die Cäsurkola der Abgesänge vertauscht. Die Ersetzung von 4 ◡ 4 ◡ oder 4 — 4 — durch 2 ◡ 3 ◡ hat Veld. öfter, so 64, 34 (x + y | x + y x + y ‖ [x + y], 65, 5 (x + y x + y) [x + y] ‖ [x + y x + y]; ebenso 3 ◡ 2 — 66, 24 (mit dem Schema von 65, 5). Er bevorzugt augenscheinlich die sonst in der älteren Zeit kaum vorkommenden Halbverse 2 — und 2 ◡. — Dreizeilige Stollen 58, 11: 4 ◡ 4 ◡ + 4 ◡ | 4 ◡ 4 ◡ + 4 ◡ 3 — 3 — + 3 ◡ 3 — 3 — + 3 ◡. Dies ist wohl die ungewandteste Strophenbildung in MF: die Gleichheit der Abgesänge den unter sich gleichen Aufgesängen gegenüber lässt die Hälften ganz lose auseinander fallen; es sind keine zusammengesetzten Reihen, sondern nur zusammengerückte: zwei Strophen nach der Formel x + y | x + y [x + y] einmal auf x + y = 4 ◡ + 4 ◡, dann auf x + y = 3 — + 3 — entworfen und selbst in diesen noch das Bild durch Vertauschung der Glieder im zweiten Stollen entstellt. —

4) Der Aufgesang ist vollständig, der Abgesang verkürzt: Schema x — y | x ÷ y x + y ‖ [x + y]. Diese Form ist viel häufiger. Das eigentlich Charakteristische des rhythmischen Systems, die Wiederkehr des Strophenanfangs, ist ja auch hier nicht ganz gewahrt; doch meist bleibt der alte Aufgesang auch in seiner verkürzten Gestalt kenntlich; in der Regel mag noch die Dehnung durch höheren Ton die Differenz eingebracht und so die Gleichheit der äussern Strophenteile hergestellt haben.

Die einfachste Form bietet Reg. 16, 1: 4 — 4— | 4 — 4 — ÷ 4 — 4 — | 4 —. Genau ebenso ist die Strophe Veld. 61, 33 gebildet; dazu (grade wie oben 57, 10 und 66, 1 zu 61, 1) zwei Spielarten, in denen 4 — mit 4 ᴗ beziehungsweise mit 3 ᴗ wechselt: Veld. 60, 29: 4 ᴗ 4 — | 4 ᴗ 4 — ÷ 4 — 4 ᴗ ‖ 4 ᴗ; Veld. 61, 18: 4 — 3 ᴗ | 4 — 3 ᴗ ÷ 4 — 4 — ‥ ‖ 4 —. Diese Strophen stehen sämtlich den unter andere Rubriken eingereihten Bildungen Veld. 64, 34 (4 ᴗ 4 — | 4 ᴗ 4 — 4 ᴗ 4 · ‖ 2 ᴗ 3 ᴗ) und Veld. 67, 3 (4 ᴗ 4 ᴗ | 4 ‥ 4 — 3 ᴗ 2 ᴗ ‖ 2 ᴗ 3 ᴗ) nahe.

Ueberall war hier der Abgesang um ein Halbglied verkürzt. Dies ist der Fall auch noch bei dreizeiligen Stollen H. 51, 33 3 ᴗ 3 ᴗ + 3 — | 3 ᴗ 3 ᴗ + 3 — 3 ᴗ 3 ᴗ + 3 · ‖ 3 —.

Dagegen ist der Abgesang in beiden Halbgliedern erleichtert bei gleichem Aufgesang Veld. 64, 34 4 ᴗ 4 — | 4 ᴗ 4 — + 4 ᴗ 4 — ‖ 2 ᴗ 3 ᴗ. Wir verglichen die Bildung schon mit der von Veld. 61, 33 u. s. w.; ebenso sehr erinnert sie an eine Strophe der folgenden Klasse Veld. 65, 5 (4 ᴗ 4 — + 4 ᴗ 4 | 4 — ‖ 4 ᴗ + 2 ᴗ 3 ᴗ). Die Ersetzung von 4 — 4 — durch 2 ᴗ 3 ᴗ, über die wir schon gesprochen haben, zeigt aber ausser all diesen Systemen auch noch in sehr interessanter Weise das alte Lied MF 37, 4, welches aber die Stollen zu doppeltem Umfang dehnt: 3 ᴗ 3 ᴗ + 3 ᴗ 3 ᴗ | 4 — 4 — + 3 ᴗ 3 ᴗ 4 — 4 — + 3 ᴗ 3 ᴗ ‖ 4 — + 3 ᴗ 2 —: 3 ᴗ und 4 — sind natürlich wieder gleichwertig; die Umstellung 3 ᴗ 2 — statt 2 — 3 ᴗ (oder 2 ᴗ 3 —) fällt auf. Aber für eine

Gesetzmässigkeit der Strophenkonstruktionen bieten diese Uebereinstimmungen und mehr noch diese aus bestimmten Ursachen herzuleitenden Verschiedenheiten einen kaum zu erschütternden Beweis.

Am Ende dieser Gruppe, fast noch der vorhergehenden (x + y | x + y x + y ‖ x + y) zugehörig, steht 50, 19 mit geringer Verkürzung in dem sonst fehlenden Halbglied: 4∪4∪ | 4∪4∪ + 4∪4∪ ‖ 3∪4∪. Wäre 4∪ nicht consequent durchgeführt und wären bei Hausen nicht überhaupt die drei Vollverse viel schärfer geschieden, so gehörte es unbedingt dorthin. Nun hat aber in allen vier Strophen 50, 25. 33 51, 3. 11 Haupt 3∪ gegen die Handschriften hergestellt. Es wäre deshalb vielleicht das Richtigste, allemal 4∪ zu schreiben, und so das Gedicht mit Riet. 18, 1 u. s. w. in dieselbe Gruppe zu verweisen. —

Die Verkürzungen in II A sind denen in I durchaus gleichartig. Um ein Halbglied wird vermindert der alte Abgesang Veld. 66, 9 D 34, 19 MF 37, 18 Veld. 62, 11; der neue Abgesang Reg. 16, 1 Veld. 61, 33; 62, 29; 61, 18 H. 51, 33. — Um eine More wird erleichtert: der alte Abgesang nie, der neue ebensowenig, doch H. 50, 19 vielleicht um einen Takt. — Anderweitige Ersetzungen: 2∪ 3∪ (und 3∪ 2∪) für 4 — 4 — Veld. 67, 3; 64, 34; MF 37, 4, worüber schon gehandelt ist; 3 — 3 — + 3∪ für 4∪4∪ + 4∪ Veld. 58, 11, wo vielleicht allemal 1∪ + 2 — und 1∪ + 2∪ zu schreiben wäre (vgl. u. MF 4, 1 Kür 7, 19), doch bleibt diese Stellvertretung vereinzelt. —

B. Strophen mit losem Refrain.

Diese Form ist, wie schon mehrmals bemerkt, für die mhd. Strophik die wichtigste. Vertritt sie ja auch am klarsten jene Ausgleichung durch entgegengesetzte Strömungen: durchweg dem Umfang nach abnehmende, der Betonung nach zunehmende Teile. Meinlohs Gedichte gehören sämtlich, Hausens und Dietmars meist, Veldekes etwa zur Hälfte hierher, ferner vielleicht der ältere Spervogelton und die Nibelungenstrophe. Alle hierher zu ziehenden Strophen der älteren Zeit setzen mit Vollversen ein. Die Durchbildung der Form ist in dieser Klasse noch gleich-

mässiger, mit noch allgemeinerer Strenge vorgenommen als
in den beiden vorigen Klassen.

1) Aufgesang und Abgesang sind vollständig.

Die Musterform, die nirgends fehlt, liefert hier H. 48, 3:
4 — 4 — + 4 — 4 — | 4 — 4 — ‖ 4 — 4 — + 4 — 4 —. Da-
zu auch hier die bekannten Abarten und zwar in grosser
Vollständigkeit. Mit Wechsel von $4 \cup$ und 4 —: H. 51, 13
$4 \cup 4$ — + $4 \cup 4$ — | 4 — $4 \cup$ ‖ $4 \cup 4$ — + 4 — 4 —, wieder mit
Umstellung der Stollenglieder, und zur Verkürzung des Ab-
gesangs neigend; ferner Riet. 19, 27 $4 \cup 4$ — + $4 \cup 4$ — |
4 — 4 — ⋮4 — 4 — + 4 — 4 —⋮. Mit Wechsel von 4 — und
$3 \cup$ Riet. 18, 25 $3 \cup 4$ — + $3 \cup 4$ — | 4 — $3 \cup$ ‖ $3 \cup 4$ — + 4 —
4 —. Dies sind aber zugleich auch die einzigen Formen,
die das Schema x + y x + y | x + y ‖ x + y x + y
erfüllen, so nahe auch Strophen wie MF 4, 35 und seine
Sippe dieser Grundform stehen.

2) Der alte Abgesang ist verkürzt, der neue vollständig:
Schema x + y x + y | [x + y] ‖ x + y x + y.

Diese Form gelang es mir überhaupt nicht aufzutreiben.
Als Beispiel, wie sie aussehen würde, kann H. 45, 1 dienen.
Wäre hier nach der fünften Zeile eine notwendige Pause
durch starke Interpunktion, wären also beide Strophen ge-
baut wie 45, 10, so könnte man teilen 4 — $4 \cup$+ 4 — $4 \cup$ |
4 — ‖ 4 — $4 \cup$ + 4 — 4 —. Aber 45, 1 weicht davon ab und
macht die Gliederung 4 — $4 \cup$ + 4 — $4 \cup$ | 4 — 4 — + $4 \cup$ ‖
4 — 4 — (Schema x + y [x + y] | [x + y] s. o.) nötig.
Jedenfalls war ein so schmaler von den gleichen Endstücken
halb zerdrückter Refrain, mehr einer auf die gegeneinander
gelehnten Kanten genagelten Leiste vergleichbar als der
Mittellage zwischen Fundament und Oberbau deshalb nicht
beliebt, weil er in die Continuität des aufsteigenden Gangs
der Strophenteile wie ein fremdes Glied hineinfiel. Und so
mag denn grade dass diese Rubrik leer bleibt als Beweis
dafür dienen, dass wir nicht einfach mit ungewollter Ge-
waltsamkeit in jedes der bereiteten Fächer einige Stücke
hineingeworfen haben. — Nahe stehen dem Schema dieser
Gruppe auch die Strophen Veld. 59, 23 und 61, 9 s. u.

3. Der Aufgesang ist vollständig, der Abgesang verkürzt: Schema x + y x -- y | x + y ‖ [x + y x + y].

Meist ist dem Abgesang hier ein halbes Halbglied verloren gegangen. Eine sehr einfache Form H. 44, 13

$$4 - 4 \cup + 4 - 4 \cup | 4 \cup 4 - + 4 \cup 4 - ‖ 4 - 4 \cup + 4 -.$$

Der zweite Stollen ist wieder umgedreht. Sehr ähnlich, doch mit veränderter Anordnung im Abgesang. D 36, 5

$$4 - 3 \cup 4 - 3 \cup | 4 - 4 - ‖ 4 - + 4 - 4 -.$$ Also auch hier 3 $\cup$ und 4 — wechselnd. Es kann nicht auffallen, dass in strophischer Hinsicht die Varietäten der Vollverse in so viel breiterem Umfang und so viel länger gleichwertig auftreten als in Rücksicht auf die Reimtechnik; rechnet das Volkslied doch noch heut klingend wie stumpf [Böhme Altdeutsches Liederbuch XXVII]. Sehr nah steht weiter eine häufige Form, die MF 4, 35 am reinsten bewahrt: $3 \cup 4 - 3 \cup 4 - | 3 \cup 4 - ‖ 3 \cup - + 3 \cup 4 -$. Dazu kommen zwei Anwendungen derselben Formel bei Meinloh, die für das Vorkommen den Systemen beziehungslos vorgeschlagener Verspaare, wie schon erwähnt, vor allem beweisend sind: mit einfachem Vorschlag M 11, 1 [$3 \cup + 4 - 3 \cup + 4 -$] $3 \cup 4 - 3 \cup + 4 - | 3 \cup + 4 - ‖ 3 \cup + 3 \cup 4 -$ und mit doppeltem M 15, 1 [$3 \cup + 4 - 3 \cup + 4 - | 3 \cup + 4 - 3 \cup + 4$] $3 \cup + 4 - 3 \cup + 4 - | 3 \cup + 4 - ‖ 3 \cup + 3 \cup 4 -$. Derselbe Meinloh componirte in seinem dritten Ton aber auch noch eine wirkliche Variation, indem er das eine Halbglied des Abgesangs ganz unterdrückt, den Strophenvorschlag aber auch hier voranschickt: [$3 \cup 4 - 3 \cup 4 -$] $3 \cup 4 - 3 \cup 4 - | 3 \cup 4 - ‖ 3 \cup 4 -$ M 14, 14. Man sieht, dass diese Form in die Kategorie x + y x + y | x + y ‖ x + y fällt und mit Strophen wie D 33, 15 Veld. 61, 25 dieselbe Bildung zeigt. Wir können hier also einmal den Uebergang aus einer Strophenklasse in die andere beobachten. — Ganz dieselbe Form hat nur mit Verkürzung auch des zweiten Halbglieds MF 4, 1 $3 \cup 4 - 3 \cup 4 - | 3 \cup 4 - | 3 \cup + 1 \cup 4 -$, wo in der uns bekannten Weise wieder Halbvers für Vollvers eintritt und sein Nachglied verkürzt. Und diese Ersetzung der vollen Strophencomposition durch Halbvers und Mittelvers dehnt auf beide Halbglieder aus

Reg. 16, 15 3 ∪ 4 — 3 ∪ 4 — | 3 ∪ 4 — ‖ 2 ∪ 3 ∪ ⁖ 2 ∪ 3 —.
Alle diese Strophen haben den Aufgesang 3 ∪ 4 - 3 ∪ 4 — ¦
3 ∪ 4 — ‖, ausser der letzten auch noch 3 ∪ als erstes Halbglied des Abgesangs gemein.

Verlängert man den Massstab dieses Modells um je
zwei Moren im Reihenglied, und kehrt so zu dem Aufgesang
von H. 44, 13 zurück, so erhält man die der Strophe MF 4, 1
völlig entsprechende Form Veld. 66, 24 4 ∪ 4 — 4 ∪ 4 — ¦
4 ∪ 4 — ‖ 4 — ⊹ 3 ∪ 2 —. Setzt man zu dem Vers der
den Schlüssel der Strophe bildet, hier also der beliebtesten
aller Verscompositionen 3 ∪ 4 —, nur eine More zu, so
formt sich die Masse in einen Abguss von Reg. 16, 15 mit
den beiden Ersatzreihen im Abgesang D 32, 13: 4 — 3 ∪
4 — 3 ∪ | 4 4 — ‖ 3 ∪ 2 — 3 ∪ 2 —, wieder einmal mit
4 — statt 3 ∪ und zugleich ist wieder der Aufgesang von
D 36, 5 da. Vermindert man endlich jenen massgebenden
Vers um einen Takt, so erhalten wir erstens eine Strophe,
die an Reg. 16, 15 und also auch D 32, 13 stark erinnert,
jedoch das erste Halbglied ungeschwächt bewahrt: MF 4, 17
3 ∪ 3 — ⊹ 3 ∪ 3 — ¦ 3 ∪ 3 — ‖ 3 ∪ 3 ∪ ⊹ 3 ∪ 2 —. Und
zweitens erhalten wir eine der allerwichtigsten Strophenformen, man darf sagen die wichtigste aller mhd. rhythmischen Systeme, fast ganz ein Abbild von MF 4, 1, nur
dass der Halbvers in einer sonst sehr seltenen Weise weiter
eingeschrumpft ist: Kür 7, 19 3 ∪ 3 — 3 ∪ 3 — | 3 ∪ 3 — ‖
3 ∪ ⊹ 1 ∪ 3 —. Doch soll die Nibelungenstrophe selbst
überwiegend durch Auslassen der Senkung zwischen zweiter
und dritter Hebung die regelmässige Cäsur andeuten: 3 ∪
3 — 3 ∪ 3 — | 3 ∪ 3 — ‖ 3 ∪ ⊹ 2 ∪ 2 — [Bartsch Unter-
suchungen über das NL S. 155]. Wer durchaus den Zwang,
neue Weisen zu erfinden, schon jener ältesten Zeit [sicher
mit Unrecht vgl. Scherer Zs. XVII 579] zuschreiben will,
mag denn hier einen winzigen Unterschied von *Kürenberges
wise* und Nibelungenstrophe annehmen. Die Sache ist aber
überhaupt noch zweifelhaft [vgl. ebd. 568].

Wir haben also hier zwölf verschiedene Strophenformen,
die offenbar in engsten gegenseitigen Beziehungen stehn
und aus derselben sehr einfachen Grundform: zweiteiliger

Aufgesang und zwei gekürzt ihn wiederholende Abgesänge
sich wie ich wenigstens meine zwanglos ableiten lassen.
Gewisse Veränderungen ziehen bestimmte andere unaus-
bleiblich nach sich, andere Wirkungen sind ins Belieben
des Dichters gestellt, aber zu schrankenloser Willkür der
Umgestaltung lassen feste Kunstregeln ihm keinen Raum. —
    4. Beide Abgesänge sind verkürzt: Schema x + y
x + y | [x + y | ‖ [x + y x + y].
    Dies ist die eigentliche Hauptform der mhd. Lyrik
und im Abmessen der Verkürzungen und Ausgleichungen
tritt deutlich die Kunst der Meister zu Tage. Veldeke, der
fruchtbarste Strophenbildner der ersten Periode ist stark
vertreten, mehrfach auch Dietmar, Andere vereinzelt; auch
der spätere Spervogelton könnte hierher gehören.
    Die Verkürzung um ein halbes Halbglied ist wie in
dieser Klasse überhaupt so auch in dieser Gruppe häufiger
als die um ein Halbglied. Bei dem alten Abgesang erklärt
dies sich daraus, dass die schon schwache Mittellage nicht
zu sehr geschwächt werden durfte. Der neue Abgesang
musste aber dem Aufgesang hier ganz besonders recht
ähnlich bleiben, um mit dem alten sich nicht zu vermischen.
Bleiben sie aber merklich getrennt, so wird aus x + y
x + y | x + y ‖ x + y x + y naturgemäss x + y
x + y | x + y ‖ x + y und somit scheidet die Strophe
aus dieser Klasse dann aus, wofür wir gleich auf ein Beispiel stossen werden.
    Die einfachste Form bietet D 39, 30   4 — 3 ᴗ + 4 —
3 ᴗ | 4 — ‖ 4 — + 4 — 4 —. Um je eine More vermehrt
wiederholt sich dies Schema Veld. 65, 28   4 ᴗ 4 — + 4 ᴗ
4 — | 4 — ‖ 4 ᴗ + 4 ᴗ 4 —. An dem Viertakter zwischen
den beiden grösseren Complexen hängt die Eingliederung
dieser Formen: scheidet man ihn aus, so erhält man für
D 39, 30 das Schema von Veld. 66, 9   4 — 4 — + 4 — 4 — |
. 4 — + 4 — 4 —, und mit Umkehrung der Schlussglieder
für Veld. 65, 28 die Formel von Veld. 60, 29:   4 ᴗ 4 — +
4 ᴗ 4 — | 4 — 4 ᴗ + 4 ᴗ. Aber auch wenn man den fol-
genden einzelnen Viertakter wegnähme, änderte sich die
ganze Bildung: wir erhielten aus Veld. 65, 28:   4 ᴗ 4 ᴗ +

4 ∪ 4 ∪ | 4 ∪ ‖ 4 — 4 —, das Schema von Veld. 64, 10, auch
dies wie Veld. 66, 9, 60, 29 Strophen mit an den Aufgesang
fest geheftetem Refrain.

Nur einmal findet sich bei sonst gleichem Bau der
alte Abgesang um nur eine More gekürzt: Veld. 63, 28:
4 ∪ 4 — + 4 ∪ 4 — | 4 — 3 ∪ ‖ 4 — + 4 — 4 —. Denn wo
4 — mit 4 ∪ wechselt, wird 3 ∪ wohl als wirklicher Mittelvers anzusehen sein; dass alle drei Vollverse nebeneinander
gleichartig gebraucht werden sollten ist nicht glaublich.

Bei gleichem Anfang wie in den an erster Stelle angeführten Beispielen treten in beiden Halbgliedern des Ab-
gesanges Ersatzreihen ein D 32, 1: 4 ∪ 4 — + 4 ∪ 4 — |
4 ∪ ‖ 4 ∪ 2 ∪ + 4 — 2 ∪. Dasselbe nur in einem Halbglied in zwei Abarten derselben Form Veld. 65, 5: 4 ∪ 4 —
+ 4 ∪ 4 — | 4 — ‖ 4 ∪ + 2 ∪ 3 ∪ und Veld. 65, 21: 4 ∪ 4 —
+ 4 ∪ 4 — | 4 — ‖ 2 ∪ 3 ∪ + 4 ∪. Diesen Formen steht
wiederum sehr nahe mit um je eine More verkürzten Stollen
Veld. 60, 13: 4 — 3 ∪ + 4 — 3 ∪ | 4 — ‖ 2 ∪ 2 ∪ + 4 —
(womit, in einer andern Klasse, Veld. 58, 35 sich nahe berührt). Abermals um je eine More verkürzt erscheint eine
andere Wiederholung desselben Musters Veld. 63, 20: 3 ∪ 3 ∪
+ 3 ∪ 3 ∪ | 3 ∪ ‖ 3 ∪ 3 ∪ + 2 ∪ 3 ∪, wo also wieder in einem
Halbglied gar keine Verkürzung, in dem andern Ersatzreihe
eintritt. Ein genaues Abbild dieses Modells liefert mit
dreizeiligen Stollen Veld. 62, 25: 3 ∪ 3 ∪ + 3 ∪ 3 ∪ 3 ∪ + 3 ∪
| 3 ∪ 3 ∪ ‖ 2 — 2 — + 3 — 2 — 3 ∪. Wir können hier in
einer ganz regelmässigen Kette die Veränderung eines
Strophentypus verfolgen und finden in allen sechs Strophen
ganz dieselbe innere Structur, während nach der bisherigen
Einordnung lediglich nach der Länge und Anordnung der
Reimzeilen kaum zwei davon zusammenständen.

Endlich am Schluss dieser Gruppe stehen zwei nahezu
identische Formen, die im Aufgesang an Veld. 65, 5 21 erinnern; der neue Abgesang ist hier (wie Veld. 63, 28 der
alte) um nur eine More verkürzt: Veld. 59, 23: 4 ∪ 4 —
+ 4 ∪ 4 ∪ | 4 — ‖ 4 ∪ 4 — + 3 ∪ 4 — und Veld. 61, 9: 4 ∪
4 ∪ + 4 ∪ 4 ∪ | 4 ∪ ‖ 4 ∪ 4 ∪ + 3 ∪ 4 ∪. — Diese Bildungen
kommen der leeren Rubrik x + y x + y | [x + y]

x + y x + y wie man sieht recht nahe. Schön sind sie
auch grade nicht.

Während in all diesen Fällen von mindestens einem
der beiden Abgesänge ein halbes Halbglied abgestossen
wird, haben zwei sehr interessante Bildungen Dietmars und
Hausens in beiden eine geringere Verkürzung. Einmal setzt
Dietmar 36, 34 für alle Verse Ersatzreihen ein 3 ᴗ 4 — +
3 ᴗ 4 — | 2 ᴗ 3 — ‖ 2 ᴗ 2 ᴗ + 2 ᴗ 3 —, eine Strophe, die zu
Detailuntersuchungen über die Ersatzreihen ein trefflicher
Ausgangspunkt wäre. Viel künstlicher ist Hausens Strophe
54, 1 mit dreizeiligen Stollen (bei denen ausnahmsweise
zweite und dritte Zeile zusammengehören, nicht, wie sonst
fast ausnahmslos, erste und zweite) und Verkürzung beider
Abgesänge um einen Halbvers, des neuen aber noch weiter
um einen Takt und des alten noch weiter um einen Takt
und eine More 4 — + 4 ᴗ 2 —   4 — 4 ᴗ 2 — | 4 — 3 — |
4 ᴗ 2 — ᴗ 4 — 4 — 4 —. Dass Hausen die Umstellung der
Glieder (4 ᴗ 2 — + 4 — für 4 — + 4 ᴗ 2 —) liebt wurde
schon bemerkt; die Art der Verkürzung aber ist auffallend
und entbehrt mindestens in unserer Epoche der Analogien.

Endlich geht im Gegensatz zu diesen beiden Strophen
die Verkürzung beidemal über den Abfall eines Halbglieds
noch heraus in dem Ton des Anonymus Spervogel 25, 13:
4 — 4 — ᴗ 4 — 4 — | 3 ᴗ ‖ 4 — ᴗ 2 — 3 ᴗ. Die Form
sieht wieder aus wie eine Nachbildung von Veld. 65, 5:
4 ᴗ 4 — + 4 ᴗ 4 — | 4 — ‖ 4 ᴗ ᴗ + 2 ᴗ 3 ᴗ nach Abzug je
einer More, und nimmt man wie dort 4 — und 4 ᴗ hier 3 ᴗ
und 4 — als gleichberechtigt an, so ist es wirklich völlig
dieselbe Bildung. —

Ueber die Verkürzungen ist ausser was wir zu
II 54, 1 bemerkten hier nichts Neues zu sagen. —

Wir haben damit unser Versprechen erfüllt und mit
Ausnahme jener drei teilweise daktylischen Lieder alle
Strophen der vorbezeichneten Dichter classificirt.[1] Keine
einzige widerstand unserer Analyse völlig, wenige nur

---

[1] Bei der Zusammenstellung des Registers ergab es sich, dass
oben doch einige Töne ausgefallen waren. Ich habe dieselben mit
Angabe ihrer Classen in das Register eingestellt.

schienen zweifelhaft zu bleiben; in den meisten fanden sich
nicht nur für die Grundtypen, sondern auch für die einzelnen
Wandlungen überall reiche Entsprechungen vor. Zwanglos
schienen die Formen in einander überzugehen und geringe
Unterschiede neue Ordnungen erklärlich zu machen. Diese
Probe also beweist mindestens nichts gegen die Gleichungen,
die wir angesetzt haben. —

Es bleibt uns noch über die Strophenvorschläge
einiges zu bemerken als über die Stücke, die den strophischen
Analysen zu widerstreben scheinen.

Wir nahmen solche Vorschläge in neun Fällen an, die
fast ebensoviel verschiedene Formen zeigen. Es scheinen
ausserhalb der Konstruction zu stehen:

1. einfache Verspaare: 4 -- 4 — H. 45, 37 3 ᴜ 4 —
MF 4, 1 M 11, 1 und M 14. 14 4 — 3 — D 38, 32 3 ᴜ
3 — Sperv. 20, 1. Endlich auffallend 4 — 5 ᴜ D 34, 19.

2. doppelte Verspaare: 4 — 4 — 4 — 4 — MF 6, 5
3 ᴜ 4 --- 3 ᴜ 4 — M. 15, 1.

Die Fälle mit 3 ᴜ 3 — und 4 — 5 ᴜ ausgenommen
sind das alles häufige Strophenanfänge. MF 4, 1 und 6, 5
und in den drei Fällen bei Meinloh fängt das eigentliche
Strophengebilde (nach unserer Auffassung) ebenso an wie
der Vorschlag geformt ist. also in fünf von neun Fällen:
allemal bei dem (häufigsten) Anfang 3 ᴜ 4 —, einmal bei
4 --- 4 — (aber H. 45, 37 anders). Hier läge denn also
eine ähnliche Verdoppelung des Strophenanfangs vor wie
in dem bekannten Fall W. 74, 18 -- 19 eine solche Wiederholung des Strophenschlusses, und der letztere Fall ist ja
ein ganz zweifelloser. Indessen hat doch die Wiederholung
des Abgesangs viel mehr Analogien als die des Aufgesang-
teils hätte. Dazu würde so der Vorschlag abweichender
Verspaare in den vier andern Fällen noch immer unerklärt
bleiben. Aber bis auf den überhaupt die meisten Schwierigkeiten machenden Fall D 34, 19 liegt Berührung zwischen
Vorschlag und Strophenbeginn doch auch sonst vor. Sperv.
20, 1 und D 38, 32 gehören zusammen: vor der Strophe
4 -- 4 — ⨩ 4 — 3 — | 3 — 4 — hat letztere den Strophen-
auftakt 4 — 3 — + 4 — 3 —, vor demselben, nur um

8*

je eine More verkürzten System der jüngere Spervogelton
3 ⌣ 3 — ⊹ 3 ⌣ 3 —. Hier steht also der Vorschlag zum
Aufgesang, wie sonst der Abgesang zu letzterem, gerade
wie zur Hebung der Auftakt sich ähnlich verhält wie die
Senkung. Und nicht viel anders ist es II. 45, 37 [4 — 4 —]
2 ⌣ 3 — 2 — ⊹ 4 — | 2 ⌣ 3 — 2 — + 4 — ‖ 2 ⌣ 3 —
+ 2 ⌣ 3 —, wo jeder Stollen die Halbglieder des Vorschlags
teils unverändert, teils aber verlängert wiedergibt. D 34,
19 [4 — 5 ⌣ ⊹ 4 — 5 ⌣| 4 — 4 — + 4 — 4 — ‖ 4 —
⊹ 3 ⌣ 4 — trifft das allerdings nicht zu. Aber grade dies
Beispiel legt eine Auffassung nahe, die alle Schwierigkeiten
beseitigen würde. D 34, 19—22 ist für sich eine ganz abgeschlossene Strophe, ja auch die inhaltliche Beziehung zum
Folgenden sehr lose. 34, 30—33 und 35, 5—8 ist es kaum
anders, so dass man nahezu ebenso gut diese drei Stücke
mit einander und was übrig bleibt zu Gedichten verbinden
könnte. Wenn nun wirklich der Vorcomposition entsprechend
Strophencomposition vorläge? Wenn dieser Fall mit einer
Versverbindung wie 4 ⌣ 4 — zu vergleichen wäre, die Beispiele
mit Gleichheit von Auftakt und Stollen mit solchen wie 4 —
4 —, endlich die mit verkleinertem Stollen (vom Strophenvorschlag aus betrachtet) mit solchen wie 4 — 3 ⌣? Ein
solches Gedicht wäre also ein Seich von kleinster Ausdehnung.
Daher denn auch das gelegentliche Fehlen eines Abschnitts,
der beide Teile so scharf trennte, wie sie D 34, 19 allerdings geschieden sind. Bei Spervogel hebt sich die Anfangs-
zeile meist ab; sie giebt gleichsam das Thema des Spruches
an, der dann folgt, und erinnert allein meist an die Sprüche
Freidanks, deren Form ja auch nicht weit abliegt. Wären
so die Sprüche wirklich nur Ausspinnungen des Sprüchworts,
wie etwa die von Sperv. 23, 21 mitgeteilten Stücke wieder
solche des Spruchs, so wäre das ein ähnliches Verfahren
wie bei den entlehnten Versen der Troubadours [Diez, Poesie
d. Troub. 94]. wo nur diese Zeile stets den Schluss bildet.
Und mit analoger Umstellung könnte man es dem proven-
çalischen Geleit [Diez, ebd. 92] vergleichen, wenn MF 6,
5—6 M 11, 1—2. 14—15. 13, 1—2. 27—28 und namentlich
M 15, 1—4 dies vorausgeschickte Stück den Gruss, die An-

rede an die Geliebte zu bringen scheint. D 38, 32 ist in diese Begrüssung der Strophenanfang immer mit hereingezogen, H. 45, 37 Vorschlag und Aufgesang ganz in einander gearbeitet, und ebenso schon zuweilen bei Meinloh, bei dem andererseits wieder 12, 1—2 die Ueberschrift in gnomischer Art vorangestellt ist. Strophenverschmelzung in mehr äusserlicher Weise — wofür das Wessobrunner Gebet ein ältestes Beispiel ist — habe ich in den deutschen Strophen der CB an anderem Ort nachzuweisen versucht; dem stände hier das Ansetzen neuer Gebilde an eine fertige Einleitung zur Seite. Ich bin selbstverständlich weit davon entfernt, diese Erklärung als sicher auszugeben; doch scheint sie mir nicht unwahrscheinlich. Die Strophenverschmelzung fände wie nach unten in der Versconstruction so nach oben in der Contamination von Liedern eine Entsprechung. Und in nhd. Gedichten sind ähnliche Fälle nachzuweisen. —

Wir fügen endlich noch eine Zahl Analysen späterer mhd. Strophen bei, als Stichproben auf unsere Annahmen auf gut Glück herausgegriffen. Zu jedem Beispiel füge ich ältere Analogien.

Guot. 77, 36 $4 \cup 4 - \div 4 \cup 4 - | 4 - 4 - +$ $4 - \| 4 \cup 4 -$. Klasse I. Vgl. H. 49, 37 $4 - 4 \cup + 4 -$ $4 \cup | 4 \cup 4 - \div 4 \cup 4 - \| 4 - 4 -$.

Fenis 81, 30: $5 \cup 5 - + 5 \cup 5 - | 5 - 5 \cup \| 5 -$. Klasse II A. Dasselbe Mass um je einen Takt verringert Veld. 60, 29 $4 \cup 4 - \div 4 \cup 4 - | 4 - 4 \cup \| 4 \cup$.

Joh. 87, 29: $4 - 3 - \div 2 \cup 3 - 3 - 4 - 3 - +$ $.2 \cup 3 - 3 - : 3 \cup 3 - + 4 - \| 4 - + 3 \cup 3 \cup 2 \cup + 3 \cup$ $3 -$. Klasse II B. Vgl. Veld. $4 - 3 \cup + 4 - 3 \cup | 4 - \|$ $2 \cup 2 \cup + 4 -$, wo aber das erste Halbglied des Abgesangs durch Ersatzreihe ersetzt, das zweite verkürzt ist, während bei Joh. das Gegenteil der Fall ist. Vgl. auch H. 54, 1: $4 - + 4 \cup 2 - \quad 4 - + 4 \cup 2 - | 4 - + 3 \| 4 \cup 2 - \div$ $4 - 4 - 4 -$ u. a.

Rugge 99, 29: $4 - 4 - + 4 - 4 - | 4 - 4 - \div$ $4 - \| 4 - 4 - + 4 - 4 -$. Klasse I. Verdoppelung des Schemas von MF 6, 5: $4 - + 4 | 4 - \| 4 - + 4 -$.

Horheim 115, 27: 4 ◡ 4 — + 4 ◡ 4 — ¦ 4 — ‖ 4 ◡ 4 —.
Klasse I. Vgl. D 34, 19: 4 — 4 — + 4 — 4 — | 4 — ‖ 3 ◡ 4 —.

Rute 117, 26: 4 -- 4 — 3 ◡ 2 — 3 — + 3 ◡ 3 —
3 ◡ 2 — | 4 — + 3 ◡ 2 — ‖ 4 — 4 — 3 ◡ 2 — 3 —. Eine
an interessanten Verkürzungen aller Art überreiche Bildung
aus Klasse I mit verkürzten Nachgliedern. Vgl. etwa H. 48,
23: 3 — 3 — + 3 — 3 — | 3 — 3 — -+- 3 — ‖ 3 — 3 —.

Bligger 118, 1: 4 ◡ 4 — + 4 — 4 ◡ | 4 — 4 — ‖ 4 —
4 — + 4 — Klasse II B. Fast identisch mit D. 36, 5:
4 — 3 ◡ + 4 — 3 ◡ | 4 — 4 — ‖ 4 — + 4 — 4 — nach
Abzug eines Takts.

Mor. 123, 10: 3 ◡ 3 — + 3 — 4 -- 3 ◡ 3 — + 3 —
4 — | 3 — + 2 ◡ 3 ◡ ‖ 3 ◡ 2 ◡ + 4 —. Classe II B ziehen
wir von jedem Stollen das erste Halbglied und dann was
dem in den Abgesängen entspricht ab, so ergibt sich fast
ganz D. 36, 34: 3 ◡ 4 — 3 ◡ 4 — | 2 ◡ 3 — ‖ 2 ◡ 2 ◡ +
2 ◡ 3 —.

Mor. 129, 14: 3 ◡ 3 ◡ 3 — + 3 ◡ 3 ◡ 3 — | 4 — 3 ◡ ‖
3 ◡ 3 ◡ 3 —. Ein sehr hübsches Beispiel von Klasse II A.
Sehr ähnlich, nur mit Verkürzung des neuen statt des alten
Abgesangs, H. 51, 33: 3 ◡ 3 ◡ 3 — + 3 ◡ 3 ◡ 3 — | 3 —
3 ◡ 3 — ‖ 3 —.

Mor. 143, 4: 4 — + 3 ◡ 3 — 4 — + 3 ◡ 3 — | 3 ◡
4 — ‖ 3 ◡ 4 —. Eine viel weniger wohlklingende Bildung
aus derselben Klasse. Vgl. Veld. 58, 11: 4 ◡ 4 ◡ + 4 ◡
4 ◡ 4 ◡ + 4 ◡ | 3 — 3 — + 3 ◡ ‖ 3 — 3 — + 3 ◡, auch
Veld. 67, 3: 4 ◡ 4 ◡ + 4 — 4 — | 3 ◡ 2 ◡ ‖ 2 ◡ 3 ◡.

Adelnburc 148, 1: 4 ◡ 4 — + 4 ◡ 4 -- | 4 ◡ 2 — ‖ 4 ◡
+ 2 ◡ 2 —. Ebenfalls Klasse II A. Vgl. Veld. 64, 34:
4 ◡ 4 — + 4 ◡ 4 — | 4 ◡ 4 — ‖ 2 ◡ 3 ◡.

R. 150, 1: 4 — 4 — + 4 — 4 — | 3 — 2 ◡ 3 ◡ 3 ◡ |
3 ◡ 4 — + 3 — 2 ◡. Klasse I. Etwa eine Verdoppelung
der Formel von MF 39, 18: 3 ◡ 4 ◡ | 4 — ‖ 2 ◡ 3 —.

R. 157, 1: 4 — + 3 ◡ 3 — 4 — + 3 ◡ 3 — | 3 — +
3 ◡ 3 — ‖ 4 — + 4 — 4 — + 4 —. Klasse II B. Aehnlich
mit nur zweizeiligen Stollen Veld. 63, 28: 4 ◡ 4 — + 4 ◡
4 — | 4 — 3 ◡ ‖ 4 — + 4 — 4 —.

R. 166, 16: 4 — + 3 ◡ 3 ◡ 4 — + 3 ◡ 3 ◡ | 4 — +

4 — 3 — ‖ 2 ∪ 3 ∪ | 4   3 — 2 ∪. Auch dies Klasse II B,
der vorigen Form verwandt. Vgl. Veld. 62, 25: 3 ∪ 3 ∪ +
3 ∪ 3 ∪ 3 ∪ + 3 ∪ | 3 ∪ 3 ∪ ‖ 2 — 2 — 3 — + 2 — 3 ∪,
doch auch Veld. 66, 24: 4 ∪ 4 —   4 ∪ 4 — | 4 ∪ 4 — ‖ 4 —
+ 3 ∪ 2 —.

R. 179, 1: 5 -- + 3 ∪ 3 —   5 — + 3 ∪ 3 — | 4 —
4 — ‖ 1 ∪ 3 ∪ + 3 —. Klasse II A. Denken wir die ersten
Halbglieder der Stollen fort, so kämen wir auf eine ähn-
liche Form wie MF 4, 13: 3 ∪ 4 — | 4 — ‖ 2 ∪ 4 —. Der
Abgesang ist nahezu gleich dem von Kür. 7. 19. Auch
diese letztere Strophe sieht fast wie eine Nachbildung der
gleichen Musterform auf den Vers 3 ∪ 3 — gegossen aus,
gehört aber in die Klasse II B, weil der Aufgesang für beide
Stollen Ersatz bringt: 3 ∪ 3 — 3 ∪ 3 — | 3 ∪ 3 — ‖ 3 ∪
1 ∪ 3 —. Fehlte also im Schlussteil von Kür. 7, 19 3 ∪,
so hätten wir statt x + y x + y | x + y ‖ x + y x + y
x + y eben nur x + y x + y | x + y ‖ x + y, d. h. an-
gegliederten statt losen ersten Abgesang. Stände umgekehrt
im Schlussteil von R. 179, 1 etwa noch 5 —, so hätten wir
statt x + y x + y | x + y ‖ x + y natürlich x + y
x + y x + y | x + y ‖ x + y x + y mit losem Refrain.
Endlich stände in beiden Nachgliedern etwa noch 5 —, so
gestaltete sich die Formel zu x + y x + y ' x + y x + y ‖
x + y x + y, vereinfacht zu x + y x + y | x + y und
wir hätten dann Klasse I mit einfachem Abgesang. Das
Verhältnis zum Aufgesang bestimmt also, wo einmal die
Hauptabschnitte klar sind, die Klasse, welcher die einzelne
Strophe zuzuweisen ist, in unzweideutiger Weise.

R. 193, 22: 4 — 3 ∪ + 4 — 3 ∪ | 4 — ‖ 4 — 3 ∪. Ein
sehr einfacher Fall von Klasse II A, fast identisch mit
Veld. 66, 9: 4 — 4 — + 4 — 4 — | 4 — ‖ 4 — 4 —, nur
um je eine More gekürzt.

R. 199, 25: 2 ∪ 2 ∪ + 4 — 2 ∪ 2 ∪ + 4 — 2 ∪ 3 ∪ 3 ∪ ‖ 3 ∪ 3 ∪
2 ∪. Eine interessante Formel 2 ∪ 3 ∪ 3 ∪ kann nicht einen
Stollen vertreten, da es dazu zu gross ist; es vertritt also
beide, wobei für ein Halbglied des Aufgesangs Ersatzreihen
eintritt, das andere um ein halbes Halbglied gekürzt wird
(4 — statt 2 ∪ 2 ∪ + 4 —, und dies 4 — dann zu 3 ∪ assi-

milirt), ein Verfahren, das wir öfter trafen. Ganz dasselbe gilt natürlich für den (mit Umstellung der Glieder) gleichen Schlussteil. Also x + y x + y | x + y, d. h. Klasse I mit Verkürzung beider Nachglieder. Sehr ähnlich mit vierzeiligem Stollen Riet. 19, 7: 4 — 4 — + 4 — 4 — 3 — 3 — + 4 | 4 — + 3 — 3 —.

Hartman 207, 11: 4 — 4 — + 4 — 4 — | 3 — 3 — + 2 — 4 — ‖ 4 — 4 — + 2 — 4 —. Ebenfalls Klasse I mit je einmal durch Eintreten der Ersatzreihe verkürzten Nachgliedern, der zweite Stollen noch weiter erleichtert. Nicht fern steht Veld. 64, 17: 4 — 4 — — + 4 — 4 — | 4 — + 4 — 3 — ‖ 4 — + 2 — 3 — und seine ganze Sippe.

Hartm. 218, 5: 4 ᴜ 3 ᴜ 3 — 3 — + 4 ᴜ 3 ᴜ 3 — 3 — | 4 ᴜ 3 — + 4 ᴜ 3 — ‖ 2 ᴜ 4 — + 3 ᴜ 3 —. Wären 218, 10 18 26 nur um je einen Takt kürzer, so gehörte dies in die Klasse II B. So muss man es wieder der Klasse I mit einfachem Abgesang zuschreiben. Der zweite Stollen ist um je ein halbes Halbglied verkürzt, der Abgesang hat Ersatzreihe. Es ist wieder ein Abguss des Schemas von MF 4, 13 in vierfacher Grösse: 3 ᴜ + 4 — | 4 — ‖ 2 — 4 —.

Wolfr. 5, 34: 4 — 4 — + 3 ᴜ 3 ᴜ 2 + 3 ᴜ | 3 ᴜ 2 — ‖ 4 — 3 —. Eine wie Alles was Wolfram schuf eigenartige Bildung, die allerdings aus der regelmässigen Strophenmasse ausscheidet. Es ist eine Strophe aus der Klasse II A; das Merkwürdige und Unregelmässige aber ist dabei, dass hier auch der zweite Stollen des echten Aufgesanges verkürzt ist: er hat Ersatzreihe für Verspaar: 3 ᴜ 2 — statt 4 — 4 —. Der erste Abgesang ist um ein Halbglied, der zweite um ein halbes Halbglied vermindert. Die Bildung steht zwischen Veld. 67, 3: 4 ᴜ 4 ᴜ 4 — 4 — | 3 ᴜ 2 ᴜ ‖ 2 ᴜ 3 ᴜ und 58, 11: 4 ᴜ 4 ᴜ + 4 ᴜ 4 ᴜ 4 ᴜ + 4 ᴜ | 3 — 3 — + 3 ᴜ ‖ 3 — 3 — + 3 in der Mitte, von denen die erste Form auch durch die Verschiedenheit der Stollen 4 ᴜ 4 ᴜ und 4 — 4 — nahe kommt. Aber dies sind wenigstens wirklich gleichwertige Glieder, was volles Verspaar und Ersatzreihe doch nicht sind.

Wolfr. 7, 11: 4 ᴜ + 4 — 3 — 4 ᴜ + 4 — 3 — | 4 — 4 ᴜ 4 —. Ebenfalls Klasse II A; stände an drittletzter

Stelle 3 —, so könnte einfacher Anhang (mit Umstellung der Glieder im Abgesang) vorliegen. Denselben Typus vertritt D 34, 19: 4 — ꞏ+ 4 —   4 — + 4 — | 4 — ‖ 3 ∪ 4 — mit nur zweizeiligen Stollen.

W. 11, 6: 4 — 4 — + 5 ∪   4 — 4 — 5 ∪ | 3 ∪ 4 — + 5 ∪ ‖ 3 ∪ 4 — 5 ∪ Klasse II A. Aehnlich Veld. 58, 11: 4 ∪ 4 ∪ ꞏ+ 4 ∪ | 4 ∪ 4 ∪ + 4 ∪ 3 — 3 — + 3 ∪ ‖ 3 — 3 — ꞏ+ 3 ∪. Es ist eine Spruchform und diese nähern sich oft rein stichischer Anordnung; das wichtigste Beispiel 8, 4, wo noch in ganz altertümlicher Weise nur die verlängerte Schlusszeile die Systeme zur Einheit zusammendrängt.

W. 39, 11: 2 ∪ 2 ∪ 4 — ꞏ+ 2 ∪ 2 ∪ 4 — | 4 — ‖ 4 — ꞏ+ 2 — 4 —. Ebenfalls Klasse II A. Der Aufgesang ist mit dem von R. 199, 25 identisch, der Abgesang mit dem von MF 4,13.

W. 51, 13: 4 ∪ 3 — + 4 ∪ 3 — | 3 — ‖ 4 ∪ + 4 ∪ 3 —. Klasse II B. Genau dieselbe Form um je einen Takt verlängert Veld. 65, 28: 4 ∪ 4 — ꞏ+ 4 ∪ 4 — | 4 — ‖ 4 ∪ + 4 ∪ 4 —. Eine scheinbar geringe, aber doch wichtige Verschiedenheit der Anordnung scheidet diese Strophe von H 49, 13: 3 — 4 ∪ + 3 — 4 ∪ | 4 ∪ 3 — ‖ 3 — 4 ∪.

W. 54, 37. Eine schwierige archaistische Bildung nach Klasse I mit Strophenvorschlag: [4 ꞏ   4 — + 4 — 4 —] 4 — + 3 — 3 — 4 — + 3 ∪ 3 ∪ ‖ 4 —. Hier wäre also wieder 3 — mit 3 ∪ gleich gerechnet. Aehnlicher Bau (und ebenfalls mit gleicher Geltung von stumpf und klingend) Veld. 64, 26: 4 — 4 ∪ + 4 — | 4 — 4 ∪ + 4 — ‖ 4 ∪ 4 ∪.

W. 70, 1: 4 ∪ + 3 — 3 —   4 ∪ + 3 — 3 — | 4 — + 4 ∪ 2 ∪ ‖ 3 ∪ 2 — Klasse II A. Nicht unähnlich, mit zweizeiligen Stollen, Veld. 67, 3: 4 ∪ 4 ∪   4 — 4 — | 3 ∪ 2 ∪ 2 ∪ 3 ∪.

W. 102, 29: 3 ∪ 4 — 3 ∪ 4 — | 3 ∪ 2 — ‖ 3 ∪ 3 ∪ 2 — Klasse II B. Fast denselben Aufgesang hat D 36, 5 ‖ 3 ∪ 4 — 3 ∪ 4 — | 2 ∪ 3 —. Nimmt man den massgebenden Vers um einen Takt länger, so erhält man, im Abgesang genau entsprechend, Veld. 66, 24: 4 ∪ 4 — 4 ∪ 4 — | 4 ∪ 4 — ‖ 4 — 3 ∪ 2 —.

Neidh. 4, 31: 4 — 4 — | 2 — 2 — ‖ 4 — Klasse I,

nahezu stichisch gestaltet. Das doppelte Schema hat D
37, 30: 4 — 4 ∪ 4 — 4 ∪ | 4 — + 4 — 2 — || 4 — + 4 — 4 —.

N. 18, 4: 4 — 4 — + 3 ∪ 4 — | 3 — || 4 — 3 — Klasse
II A. Sehr ähnlich D 34, 19: 4 — 4 — + 4 — 4 — | 4 —
|| 4 — + 4 —. Neidhart braucht also hier 4 — und 3 ∪
gleichwertig.

N. 41, 33: 4 — + 5 ∪ 5 ∪ 4 — + 5 ∪ 5 ∪ | 4 — 5 —
3 ∪ 5 ∪. Ebenfalls Klasse II A. Vgl. Veld. 67, 3: 4 ∪ 4 ∪
4 — 4 — | 3 ∪ 2 ∪ || 2 ∪ 3 ∪.

N. 75, 15: 3 — 4 — + 4 — 4 — + 4 — 3 ∪ 2 ∪ 2 —
3 — 4 — + 4 — 4 — + 4 — 3 ∪ 2 ∪ 2 — || 3 — 4 — + 3 ∪
+ 4 ∪ 4 —. Eine höchst umständliche Ausbildung von Klasse I,
mit der allenfalls Veld. 56, 35: 4 — 4 ∪ + 4 — 4 ∪ | 4 —
4 — + 4 ∪ 4 — | 2 ∪ 2 ∪ + 3 — 3 — zusammenzu-
stellen wäre. —

Diese Auswahl kann wohl genügen, da nichts zu der
Annahme veranlasst, andere Beispiele würden andere Ergebnisse liefern. Ich hoffe die Strophen nirgends künstlich
in eine ihnen fremde Gliederung gezwängt zu haben, aber
wenn es dennoch vorgekommen sein sollte, war es doch
gewiss ein vereinzelter Fall, der das Gesamtresultat nicht berührt. Meine Methode war einfach die, dass ich die Verse, wie
sie sich folgten, hintereinanderschrieb und bei jedem starken
Abschnitt die Zeilen brach. Die so sich ergebenden Teile
verglich ich dann mit dem ersten Abschnitt und stellte sie
danach in die Klassen ein (bei drei Hauptteilen in die I.
Klasse, bei vieren in II A, bei fünf in II B). Natürlich durfte
das nicht mechanisch gemacht werden und ausser der Interpunktion, die ich stets als ersten Fingerzeig benutzte,
mussten Responsionen, Verskünste, Parallelen u. s. w. berücksichtigt werden. Die Ersatzreihen, im Aufgesang so
selten wie in den Abgesängen häufig, boten gute Anhalts-
punkte in zweifelhafteren Fällen. Wo die verschiedenen
Strophen desselben Tons nicht übereinstimmten (was aber
der seltenere Fall ist — ein Argument für uns), da ergab
sich als das Wahrscheinlichste meist die Auflösung der ersten
Strophe. Und dies stimmt mit Erfahrungen, die Jeder an

Gedichten täglich machen kann. Die erste Strophe fliesst frei und ungezwungen, die späteren leiden leicht schon unter dem Zwang des Vorbilds. Doch habe ich selten versäumt, die andern Strophen sämtlich zu vergleichen. —

Diese Analysen stimmen nun wie man sieht ganz zu unsern Voraussetzungen. Eine wirkliche Ausnahme fanden wir nur in jenem einen Ton des stets seine eigenen Wege wandelnden Wolfram, verständlich aber blieb auch die. Dass in dem künstlicheren Aufbau der Stollen die reifere Kunst von der älteren abweicht ist natürlich; und da eben der Eingangsvers der Schlüssel des ganzen Systems ist, so musste die reichere Entfaltung auf seinem Schmuck und Umbau beruhen. Und hiermit hängt sicher grossenteils zusammen, dass über die Häufigkeit der Klassen hier ein anderes Urteil scheint gefällt zu werden müssen als in der ältesten Epoche allein. Den Typus I 4 z. B., einfachen Abgesang mit vollständigem Aufgesang und verkürztem Anhang, fanden wir dort sehr spärlich und erklärten uns dies leicht: die Einheit beider Haupttheile schien verwischt, wenn in dem Schema x + y x + y | [x + y] der Schluss von den Stollen sich weit entfernte. Bei reicherer Gestaltung der einzelnen Glieder aber kann er auch verkürzt wohl kenntlich bleiben; wenn wir etwa x + y x + y | x + y x + y ‖ x x + y haben, so ist natürlich die Entstellung des Abgesanges geringer, als wenn er statt des Viertels die Hälfte verliert. So mag die Ersetzung des zwei- oder drei-, höchstens vierzeiligen Stollen der ältesten Epoche durch buntere Formen bis zu dem achtgliedrigen Aufgesang von N 75, 15 noch manche Verschiedenheit im Charakter der älteren und neueren Systeme erklären; aber das bleiben doch äusserliche Umgestaltungen der festen Urformen. —

Es sei gestattet, hier nochmals rasch einen Blick auf die Strophen des Horaz zu werfen. Meist sind sie zwar wirklich zweiteilig, d. h. eigentlich stichisch mit Verscompositionen. So etwa das Hipponacteum 4 — + 2 ◡ 3 ◡ | 4 — + 2 ◡ 3 ◡ oder das Archilochium quartum 3 — + ◡ 4 ◡ 2 ◡ + 3 ◡ | 3 — + ◡ 4 ◡ 2 ◡ + 3 ◡. In letzterem System wie öfter, z. B. im Pythiambicum alterum 3 — 3 ◡

+ 2 ᴜ 4 — scheint 2 ᴜ + 3 ᴜ oder seltener 2 ᴜ + 4 —
auch hier für 4 — 4 - und die Variationen des vollen
Verspaars als Ersatzreihe zu dienen. — Oft haben wir doch
aber auch Dreiteiligkeit, womit die eigentlich lyrische
Strophenbildung erst bezeichnet wird. So in dem häufigsten
Metrum des Horaz, dem Alcaicum 2 ᴜ 3 — ÷ 2 ᴜ 3 — |
4 — ‖ 4 —. Nach der Satzfügung darf man sich hier freilich nicht richten, denn fast stets werden die Zeilen ge-
brochen; ist doch in der griechischen Poesie nicht einmal
am Schluss der Systeme Zusammenfall von Satzende und
Versende nötig [Westphal, Griech. Metrik I 492]. Aber wo
einmal die Interpunktion der Versordnung entspricht, haben
wir völlig unsere Klasse II A. So etwa IIII IV 33—36

Doctrina sed vim promovet insitam,
Rectique cultus pectora roborant:
Utcumque defecere mores,
Dedecorant bene nata culpæ.

Dies Schema 2 ᴜ 3 — 2 ᴜ 3 — | 4 ᴜ ‖ 4 ᴜ ist nahezu
genau eine Umkehrung von Veld. 67, 3 4 ᴜ 4 ᴜ 4 — 4 —
| 3 ᴜ 2 ᴜ ‖ 2 ᴜ 3 ᴜ. Vergleichen wir nun damit von den
mhd. teilweise daktylischen Gedichten H. 52, 37: 4 ᴜ + 4 ᴜ
4 ᴜ 4 ᴜ | 4 — 2 — ‖ 2 — 4 ᴜ. Man sieht, dass diese Formel
der lateinischen noch näher steht als der mhd.; die lat. ist
geradezu eine verkürzte Wiederholung der Hausenschen
Strophe und zwar verkürzt in regelmässiger Weise: im
Aufgesang stehen Ersatzreihen, in den Abgesängen ist ein
Halbglied gestrichen. Und K. Heinr. 5, 16 steht nicht weit
ab: 4 ᴜ 4 — 4 ᴜ 4 — | 4 — 4 — ‖ 2 ᴜ 3 —, welches Schema
freilich dem von Veld. 64, 34 4 ᴜ 4 — 4 ᴜ 4 — | 4 ᴜ 4 —
| 2 ᴜ 3 ᴜ noch näher verwandt ist (letzteres ist nur in
jedem Abgesang um eine More weniger verkürzt). Dagegen
H. 43, 28 2 ᴜ 3 — ÷ 3 — 3 — 2 ᴜ 3 — ÷ 3 — 3 — |
2 ᴜ 2 ᴜ 2 ᴜ 2 — ‖ 2 ᴜ 2 ᴜ 2 ᴜ 2 — erinnert mehr an Veld.
58, 11 4 ᴜ 4 ᴜ + 4 ᴜ 4 ᴜ 4 ᴜ + 4 ᴜ | 3 — 3 — ÷ 3 ᴜ
3 — 3 — ÷ 3 ᴜ mit den gleichgeformten Abgesängen, die
auch beidemal über die Syncope des Halbglieds hinaus noch
um drei Moren gekürzt sind. Doch weit steht auch das
nicht von 2 ᴜ 3 — 2 ᴜ 3 — | 4 — ‖ 4 — ab.

Eine andere Bildung, die in unsere Klasse II A zu fallen scheint, ist das Sapphicum prius 3 — + ᴜ ᴜ 2 ᴜ 3 — + ᴜ ᴜ 2 ᴜ | 3 — + ᴜ ᴜ 2 ᴜ ‖ 2 ᴜ. Der Halbvers zeigt sich hier recht anschaulich in seiner Function als Stellvertreter. Ganz ähnlich Veld. 61, 18 4 — 3 ᴜ + 4 — 3 ᴜ | 4 — 4 — ‖ 2 — 3 ᴜ. Vollends aber das Asclepiadeum secundum 3 — 3 — + 3 — 3 — | 3 — 3 — ‖ 4 — deckt sich fast völlig mit der Musterform Reg. 16, 1 4 — 4 — + 4 — 4 — | 4 — 4 — ‖ 4 —.

Auf diese Vergleichungen näher einzugehen ist hier natürlich nicht der Ort; Abweichungen genug werden sich unter der äussern Uebereinstimmung verbergen. Aber auch sie werden erklärlich sein und Analogien mit dem mhd. Strophenbau sicher übrig lassen, die unsere Annahmen weiter stützen. —

SCHLUSS.

Wollen wir nun die vermeintlichen Ergebnisse unserer
Untersuchung noch einmal zusammenfassen, so handelt es
sich wesentlich um Folgendes. Früher war ganz allgemein die
auch noch jetzt in weiten Kreisen geteilte Ansicht ver-
breitet, die Form des Gedichts sei freie Willkürschöpfung
des Autors; und nahm man selbst bestimmte Grundtypen
an, so schob man doch jedem einzelnen Dichter es zu,
hieraus nach Belieben Neues zu formen, bald Stücke gleichsam anklebend, bald abschneidend oder nach Gefallen ver-
tauschend. Diese Ansicht hat z. B. so fleissige Arbeiten
wie Bartsch' Aufsatz über den Strophenbau in der deutschen
Lyrik [Pf. Germ. II 257, 28] oder R. v. Muths Mhd. Metrik
(welches Buch ich freilich auch sonst nicht gut finden kann)
an brauchbaren Ergebnissen hinsichtlich der Technik des
Strophenbaus so arm gelassen, weil Regeln eben kaum gesucht wurden. Ja J. J. Schneider, der in seiner Systema-
tischen und geschichtlichen Darstellung der deutschen
Verskunst dem Gedanken an eine gewisse Bedingtheit der
Strophenteile sich nicht ganz verschloss, liess von jener
Grundanschauung sich bis zu dem unglaublichen Satz ver-
leiten, der Abgesang stehe zuweilen an der Spitze der Strophe
(a. a. O. 31, wozu dann S. 120 ein Beispiel bieten soll). Als
ob ein Architekt sagte: Zuweilen befindet sich der Keller
über dem Dach! In der Überzeugung, dass man mit dieser
Meinung brechen müsse, suchte ich zu allgemeinen Regeln
zu kommen, indem ich Scherers Beispiel, für die Strophen-
etymologie gewisse Wurzeln und gewisse Gesetze der Wand-

lung festzustellen, fortzusetzen bemüht war. Dabei schien
sich nun wirklich zu ergeben, dass die verschiedenen Strophenteile auf einander, besonders aber das Vorglied auf das
Nachglied bestimmte Wirkungen auszuüben.

Für den Vers zunächst hielten wir an dem vierhebig
stumpfen Vers als der unumschränkt herrschenden Hauptform fest. Wir gaben ihm zwei Spielarten 3 ◡ und 4 ◡,
ferner zwei Nebenformen: den Mittelvers 3 ◡ mit der
Variante 3 —, den Halbvers 2 ◡ mit der Abart 2 —. Längere
Verse dagegen sahen wir nicht als einheitliche Reihen (mit
wechselnder Cäsur), sondern als Verszusammensetzungen
(mit unbeweglicher Cäsur) an. Für die Verscomposition
schien Hauptregel, dass Vollvers und Halbvers nicht gern
zusammenstehn; die wichtigsten Typen waren daher 4 — 3 ◡
und 3 ◡ 4 —, 3 — 2 ◡ und 2 ◡ 3 —.

Was die Strophe angeht, so hielten wir in ihr für den
festen Kern die vierfache Wiederholung des Grundverses in
paarweiser Anordnung, also die Otfridstrophe. Indem wir
den Begriff des eigentlichen Aufgesangs auf sie beschränkten,
dehnten wir die von J. Grimm entdeckte Dreiteiligkeit der
Strophen auf so ziemlich sämtliche mhd. Strophenformen
aus. In dem übrigen Teil der Strophe sahen wir öfters in
Übereinstimmung mit der gewöhnlichen Ansicht einfach einen
Abgesang, den wir aber stets als eine (meist verkürzte)
Wiederholung des Aufgesangs betrachten. Noch häufiger
jedoch schieden wir aus dem Rest der Strophe zunächst
einen solchen, den Aufgesang in verkleinertem Abbild wieder-
gebenden Anhang ab. In Strophen, die nach der bisherigen
Terminologie nur zweiteilig sind, gehört dieser Teil mit zum
Abgesang der früheren Gliederung; weitaus in den meisten
Fällen aber ist es der Anfang des Abgesangs. Und zwar
glaubten wir diesen — einzigen oder ersten — Abgesang
historisch herleiten zu sollen aus dem Kehrreim, welcher,
vom Chor gesungen, die Einzelvorträge abschloss. Was
nach Absonderung dieses gewöhnlich durch Interpunktion,
oft auch durch Reimwechsel sich — meist unzweideutig —
heraushebenden Teils von der Strophe überblieb, hielten wir
für einen zweiten Abgesang, der auch wieder seinen Auf-

gesang und zwar wieder meist verkürzt wiedergab. Dabei
traten Verschiedenheiten dadurch ein, dass bald der alte
Abgesang den zweiten Stollen des Aufgesangs zu sich herüber-
zog, bald ihm selbständiger gegenüberstand; und so erhielten
wir für die Strophen die drei Haupttypen x + y | x + y ||
x + y, x + y | x + y x + y || x + y, x + y x + y |
x + y || x + y x + y, deren einzelne Verästelungen und
Berührungen an Beispielen gezeigt wurden. — Für die
Strophen mit (nach unserer Terminologie) einfachem Abgesang bleibt damit oft die alte Gliederung. Aber bei der
überwiegenden Menge der mhd. Strophen träte eine andere
Einteilung ein. Alles kommt dabei auf jenes Mittelstück
an, das wir zwischen Aufgesang und Abgesang heraus-
nahmen; mit diesem steht und fällt unser System.

Was die Verkürzungen selbst betrifft, so trafen wir
als häufigste Form Verminderung um ein ganzes oder halbes
Halbglied, seltener um einen Takt oder eine More, daneben
aber noch Ersetzung durch die Reihe 2 ◡ + 3 — u. s. w.,
seltener 2 ◡ + 4 — u. s. w. Indem wir über die Anwendung
jeder einzelnen dieser Methoden Regeln festzustellen noch
nicht versuchten, liessen wir in der Gleichung allerdings
noch eine Grösse unbekannt. Doch auch diese ist vielleicht
durch positive Angaben zu ersetzen, wenn auch in den verkürzten Teilen, ihrer secundären Natur entsprechend, Willkür am ersten annehmbar wäre. Accentstellung, auch Reimstellung und stilistische Momente können mitwirken, am
wahrscheinlichsten wohl die Analogie mit den Verhältnissen
der übergeordneten Teile.

Noch ist zu erinnern, dass wir in der älteren Zeit
dem Strophengefüge öfters noch einen Vorschlag von einem
oder selbst von zwei Verspaaren vorausgeschickt glaubten,
die ausserhalb der Konstruktion stehend auf die Gestaltung
des Abgesangs keinen Einfluss haben.

Den Strophenbau allein oder auch nur vorzugsweise
nach der Reimstellung zu beurteilen, wie dies z. B. in dem
feinsinnigen, leider nur wenig bekannten Buche von Seyd
Beitrag zur Charakteristik und Würdigung der Deutschen
Strophen geschieht, hielten wir für irrig. Wir glaubten

aber das Verhältnis zwischen Reim und Reihenschluss einer
genauen und allgemeinen Untersuchung bedürftig, die freilich auf fremde Vorbilder Rücksicht nehmen müsste und
zwar in viel höherem Grade, als bei der Untersuchung der
Reihen nötig schien. Ist ja doch der Reim mehr ein
äusserlicher Schmuck, leichter nach fremden Mustern zu
bilden und anzuhängen als die Gestalt selbst, die er
schmücken soll. —

Dies sind die behaupteten Thatsachen, die ich gern
zur Diskussion stellen möchte. Bewähren sie sich, so liesse
sich darauf weiter bauen. Dass die Regeln hin und wieder
für die kritische Textherstellung brauchbar sein könnten
hatten wir schon einigemal zu beobachten Gelegenheit.
Wichtiger scheint mir, was für die Entwicklung der poetischen Technik, für Gewohnheiten und Freiheiten bestimmter
Epochen, Schulen, Dichter zu gewinnen wäre. Zu dieser
Sichtung versuchte ich hier schon einiges z. B. für Veldeke.
Doch schliessen sich weitere Fragen an und führen, wie ich
meine, bis zu einem sehr schönen und interessanten Thema:
nach dem Ursprung und den Anfängen der Poesie. Denn
wie nach einem Sprichwort der Mensch, so fängt wohl auch
das Gedicht „von aussen an". Dass es der Geist sei, der
sich den Körper baut, das fällt uns schwer zu glauben, und
im vorliegenden Fall will es uns nicht gelingen, einen
trochäischen oder daktylischen Gedanken uns vorzustellen.
Nein, es ist das Wort und der Satz, was das Gedicht er-
schafft. Der Deutsche und der Italiener mögen über die
Verliebtheit ganz dieselbe Meinung haben; dichten sie aber,
so wird ganz allein schon das Wort „amoroso" diesem eine
ganz andere Kette von Worten und Gedanken, von Versen
und Reihen hervorzuzaubern, als jenem das Wort 'verliebt'.
Nirgends zeigt sich das deutlicher, als bei den formell so
verschiedenen als inhaltlich ähnlichen Sprichwörtern. Der
Deutsche denkt wie der Franzose, wenn der mit barytoni-
rendem, daktylischen Bau sagt 'Ehre wem Ehre gebührt',
der mit oxytonirender, iambischer Fügung 'A tout seigneur
tout honneur'. Und dazu stimmt, wenn wir von dem Tonfall des Refrains den stofflichen Teil der Gedichte erst zu

fester Form bestimmt glauben. Nicht der hellenische Geist schuf die Tempelsäulen und Hallen, sondern zunächst waren es nur Material und directe Bestimmung, die die Form vorschrieben. Dann freilich erwächst dem Geist die schöne Aufgabe, mit der eingebornen Form des Materials ringend das Werk zu der Höhe zu erheben, in der die natürliche Grundlage so gut zu ihrem Rechte kommt wie der herrschende Gedanke ihrer Verwendung. —

Aus dieser Anschauung heraus, die freilich arg realistisch klingt, aber schwerlich ganz unberechtigt ist auch bei der idealsten und körperlosesten der Künste, lagen uns unsere Erklärungsversuche denn freilich nahe. Dennoch habe ich sie mehr gegeben, weil mich selbst nach einer Erklärung verlangte, als um anderen zu dienen. Wem nicht wie mir Kenntnis und Verständnis der Musik abgeht, der kann diese Erklärung vielleicht in Bausch und Bogen verwerfen und er gebe dann Besseres. Unsere Versuche beruhen auf der Annahme, die von Brücke für die nhd. Poesie festgestellte Gleichheit der Arsenabstände sei in nur weniger strenger Form allgemeines Gesetz der deutschen Aussprache. Danach nahmen wir die Satzbetonung als eine Zerlegung in gleichberechtigte Dipodien, die Cäsur als Halbirung des Verses, den Abgesang als Gegenstück des Aufgesangs. Und wo Dehnung durch Tonsteigerung die Entfernung zwischen zwei Arsengipfeln zu verlängern schien, dachten wir uns durch Kürzung des Rhythmizomenon (wie Westphal mit dem antiken Kunstausdruck das sprachliche Substrat treffend benennt) die Gleichheit hergestellt. Das mögen wirklich zu künstliche Hypothesen sein. Was tuts, wenn die Motive noch verborgen sind, ständen nur die Tatsachen erst fest! Das aber mögen bessere Kenner durch Nachprüfung entscheiden.

Das Thema liegt mir sehr am Herzen. Fast so lange ich deutsche Gedichte lese, beschäftigt mich die Frage, was diese Strophen wohllautend mache und jene Fügungen dem Ohr fast unerträglich klingen lasse. Ich mag die Bedeutung dieser Fragen deshalb leicht überschätzen. Doch dass unsere Versuche über die mhd. Strophik wirklich zur Lösung jener

Frage mithelfen könnten zeige ein letztes nhd. Beispiel. Es ist Goethes wundervolle Ballade „Die Braut von Corinth". Was in dem melodischen Strophenbau dieser herrlichen Schöpfung uns so eigenartig berührt und zuerst fast fremdartig anfasst, das ist gerade der Umstand, dass der grosse Meister hier den doppelten Abgesang wiedergefunden hat, der sonst unserer modernen Dichtung nahezu gänzlich abgeht, und dass er ihn in vollendeter Weise verwandt hat. Das Schema giebt sich so: $2 \cup 3 \cup + 2 \cup 3 - \quad 2 \cup 3 \cup + 2 \cup 3 - | 3 - 3 - \| 3 \cup 2 -$. Und wie die Verkürzung der Nachglieder, zeigt auch deren höhere Tonstufe sich bei einer Recitation dieses Liedes deutlich. Diesen Reiz, den es ausübt, wenn die entflohene Reihe von den zwei eilenden Verszeilen gleichsam eingeholt nochmals auf einen Augenblick sich zu zeigen scheint, ehe sie entschwindet, diese zauberhafte Einheit im Wechsel haben unsere modernen Poeten dem eintönigen Schaukeln nur scheinbar strophischer, in Wahrheit aber bloss stichischer Gliederung geopfert. Was beide Arten scheidet, ist eben dies: wo die mhd. Dichter fein abwogen, wird jetzt nur äusserlich abgezählt. Die Verschlechterung der Praxis hat auch die Theorie verwildern lassen; man glaubte die feinsinnigen Kunstgesetze des Mittelalters ganz leugnen zu dürfen (vgl. die Worte Moriz Haupts, welche Seyd a. a. O. S. 21 angezogen hat). Möge es uns gelungen sein, eine Förderung des Verständnisses und damit auch der freudigen Anerkennung für die mhd. Dichtkunst auf diesem Gebiete wenigstens vorbereitet zu haben. Einer unserer Sätze wenigstens wird sicher bei jeder Nachprüfung sich bewähren: dass hier wie überall das Gedeihen der Kunst nicht auf die Willkür des Künstlers gegründet ist, sondern auf seine Unterordnung unter das Gesetz. —

I. SACHREGISTER.

II. VERZEICHNIS
DER WICHTIGEREN BESPROCHENEN VERSFORMEN.

4 —: 36 f. 58. 127.
3 ʋ und 4 ʋ: 58 f.
2 ʋ und 2 —: S. 106 vgl. S. 99.

4 — 3 ʋ, 3 ʋ 4 = und 4 — 4 —:
79 f. bes. 81.
2 — 3 — s. u. Ersatzreihe.

III. VERZEICHNIS
DER BESPROCHENEN AHD. GEDICHTE.

Otfrid: Vers 36 f. 41 f. Strophe
74 f. 127.
MSD III 117.
MSD IX 76. 90.
MSD X 41 f.

MSD XXX 50.
MSD XXXVIII 57. 62.
MSD XLVII, IV 57.
MSD² 297 86.
MSD allgemein 58 f.

IV. VERZEICHNIS
DER BESPROCHENEN MHD. STROPHENFORMEN.

CB 141 a S. 97.
Pseudo-Dietmar 37, 4 S. 50. 79 f.
97. 102. 107.
Pseudo-Dietmar 37, 18 S. 51.
79 f. 105.
Tagelied 39, 18 S. 100 vgl. 118.
MF 3, 1 (Moroltstrophe) S. 52. 100.
   MF 3, 7. 12 S. 80. 82 f. 100
   vgl. 98.
   MF 3, 17 S. 101.
   MF 4, 1 S. 93. 100. 110 vgl.
   111.
   MF 4, 13 S. 100 vgl. 119—
   121.
   MF 4, 17 S. 111.
   MF 4, 35 S. 92 vgl. S. 109.
   110.
(König Heinrich) 5, 16 fehlt S. 98
vgl. 124.
   MF 6, 5 S. 93. 100 vgl. 117.
   MF 6, 14 S. 98.
Kür. 7, 1 S. 101.
Kür. 7, 19 (Nibelungenstrophe)
S. 111 vgl. 119.
Meinloh: allg. S. 93. 115 f.

Meinloh 11, 1 S. 110.
   14, 4 S. 104. 110.
   15, 1 S. 110.
Reg. 16, 1 S. 91. 107 vgl. 125.
   16, 15 S. 110 vgl. 111.
Riet. 18, 1 S. 104.
   18, 25 S. 109.
   19, 7 S. 101 vgl. 120.
   19, 27 S. 109.
Sperv. allg. S. 97.
   20, 1 S. 100.
   25, 13 S. 114.
   30, 34: 4 — 4 — + 3 — 3 — |
      4 — 3 ʋ ‖ 4 — 3 ʋ. Klasse II
   A: x + y (x + y) | x + y ‖
   x + y.
Dietmar allg. S. 112.
   32, 1 S. 113.
   32, 13 S. 111.
   33, 15 S. 104 vgl. 110.
   34, 19 S. 105 vgl. 117. 120. 121.
   35, 16 S. 104.
   36, 5 S. 110 vgl. 111. 118. 121.
   36, 23: 4 — 4 — + 4 — 4 — |
      4 — + 4 — 4 — ‖ 4 — + 3 ʋ

V. STROPHENFORMEN
AUS ANDEREN LITERATUREN.